A REVOLUÇÃO DAS 7 MULHERES

OS SETE PERFIS QUE REPRESENTAM A GERAÇÃO 50+, 60+ QUE ESTÁ REINVENTANDO A MATURIDADE

Dados Internacionais de Catalogação na Publicação (CIP)
(Jeane dos Reis Passos - CRB 8ª/6189)

Neder, Marcia
A revolução das 7 mulheres : os sete perfis que representam a geração 50+, 60+ que está reinventando a maturidade / Marcia Neder; prefácio de Mônica Waldvogel. - São Paulo : Editora Senac São Paulo, 2015.

Bibliografia
ISBN 978-85-396-0873-7

1. Mulheres (Psicologia) 2. Mulheres - maturidade (aspectos psicológicos) 3. Mulheres - conduta 4. Mulheres - autoestima 5. Mulheres (aspectos sociais) I. Título. II. Waldvogel, Mônica.

15-316s CDD-155.633
305.4
BISAC PSY003000
OC02800

Índice para catálogo sistemático:

1. Mulheres - Maturidade (aspectos psicológicos) 155.633
2. Mulheres (aspectos sociais) 305.4

Marcia Meder

A REVOLUÇÃO DAS 7 MULHERES

OS SETE PERFIS QUE REPRESENTAM A GERAÇÃO 50+, 60+ QUE ESTÁ REINVENTANDO A MATURIDADE

EDITORA SENAC SÃO PAULO – SÃO PAULO – 2015

Gerente/Publisher: Jeane dos Reis Passos (jpassos@sp.senac.br)
Coordenação Editorial: Márcia Cavalheiro Rodrigues de Almeida (mcavalhe@sp.senac.br)
Comercial: Marcelo Nogueira da Silva (marcelo.nsilva@sp.senac.br)
Administrativo: Luis Américo Tousi Botelho (luis.tbotelho@sp.senac.br)

Edição de Texto: Ivone P. B. Groenitz
Preparação de Texto e Consultoria Editorial: Ayrton Luiz Bicudo
Regularização das Autorizações e Consultoria Editorial: Alice Penna e Costa
Revisão de Texto: Heloisa Hernandez (coord.), Bianca Rocha, Carolina Hidalgo Castelani
Ilustrações: Marcia Neder (autora)
Projeto Gráfico e Capa: Antonio Carlos De Angelis
Imagem da Capa: iStockphoto.com
Foto da Autora: Fábio Heizenreder
Impressão e Acabamento: Intergraf Indústria Gráfica Eireli

Editora Senac São Paulo
Rua Rui Barbosa, 377 – 1º andar – Bela Vista – CEP 01326-010
Caixa Postal 1120 – CEP 01032-970 – São Paulo – SP
Tel. (11) 2187-4450 – Fax (11) 2187-4486
E-mail: editora@sp.senac.br
Home page: http://www.editorasenacsp.com.br

SUMÁRIO

NOTA DO EDITOR

Há uma revolução da longevidade acontecendo no mundo. E no Brasil também. O Brasil passou de um país jovem para um país maduro – atualmente existem mais pessoas maduras do que há cinco décadas. Será necessário criar na sociedade uma nova visão sobre o envelhecimento e novos valores culturais que abracem essa população sem preconceitos, de uma forma como nunca foi feita antes.

O ponto de partida para essa incontornável transformação é entender que a Terceira Idade não é um borrão sem nuances. Há vários nichos com diferentes necessidades, aspirações e estilos de vida. É imprescindível enxergar o detalhe. As mulheres têm um papel crucial nessa nova sociedade que precisamos construir, especialmente um grupo de mulheres ativíssimas que já provou o seu valor na revolução feminina da segunda metade do século passado e está outra vez abrindo novos caminhos para as gerações futuras.

Este livro, da jornalista Marcia Neder, traz uma pesquisa qualitativa que retrata os sete perfis que representam as mulheres dessa geração revolucionária e mais uma série de dados que mostram em detalhes quem são, o que pensam, como fazem as escolhas, como enxergam o futuro ainda longo que têm pela frente e a responsabilidade do próprio papel nessa nova sociedade.

O Senac São Paulo, que tem a missão de educar, difundir conhecimento e formar as novas gerações, não poderia deixar de promover essa reflexão. Ao publicar o livro A revolução das 7 mulheres, dá voz e visibilidade a essa geração.

PREFÁCIO

Era um encontro de estudiosos de mídia e economia montado especialmente para uma plateia formada por publicitários e diretores de emissoras de TV. Na mesa dos debatedores, uma pesquisadora apresentava o resultado de seu trabalho que revela o que se passa na cabeça das mulheres no século 21.

Cada faixa etária da vida adulta tinha seus encantos e dissabores. Em comum, as mulheres estavam cheias de disposição para o trabalho e para a participação na esfera pública, mas o estresse aumentava incessantemente a partir da chegada dos filhos. Quando pequenos, eram as doenças infantis; maiorzinhos, vinham as demandas da escola; adolescentes, a perda de controle sobre eles. Quando a palestrante chegou às mulheres na virada dos 60 anos, seu entusiasmo cresceu. Em comparação com as fases anteriores, esse período da vida é um verdadeiro nirvana. É nesse grupo que se encontram as mulheres mais interessantes.

Na expectativa de que o público chegasse mais rapidamente à mesma conclusão de seus estudos, ela se voltou diretamente para a plateia e a desafiou impaciente.

"Mas por que, afinal, vocês insistem em ignorar as mulheres mais velhas na propaganda?" Esse quase-desprezo é um fato incompreensível. Livres das pesadas incumbências que as levaram a cuidar da família e do casamento, dos estudos e da carreira, em lua de mel consigo próprias, atentas às necessidades dos mais próximos, mas focadas em seu bem-estar e ainda cheias de projetos, essas mulheres demandam um lugar adequado na publicidade. Deveriam sair dos nichos periféricos da propaganda e ser incluídas na comunicação de massa pelo simples fato de que têm o que o mercado mais almeja: dinheiro no bolso, conquistado com seu esforço, para gastar com o que bem entendem.

Moderadora do debate, perscrutei a audiência formada, em sua maioria, por homens e mulheres na faixa dos 35 aos 45 anos. Os rostos masculinos não moveram um músculo, nem para anuir nem para rejeitar a ideia de encaixar em sua pauta a faixa etária na qual vislumbram suas mães e tias, e olhe lá.

Já as mulheres sorriram de volta em concordância tácita. Mais cedo ou mais tarde, inexoravelmente, elas se verão na posição daquelas que hoje se avizinham da famigerada barreira dos 60 anos, essa espécie de portal mágico que, num estalar de dedos, transfere mulheres cheias de sonhos, projetos, desejos e coragem para uma realidade paralela de quase invisibilidade. Elas sabem que a propaganda ajuda a instalar imagens no inconsciente coletivo, para o bem e para o mal. Mulheres têm essa capacidade de se reconhecer umas nas outras e se verem mais além no tempo.

Lembrei logo de uma conversa perturbadora que tinha tido, dois ou três anos antes, com uma famosa jornalista e apresentadora de TV. Incansável e muitíssimo bem-sucedida, bonita e bem-cuidada, ousada e criativa, ela me confidenciou que seu aniversário estava próximo e, por causa disso, vinha sendo assombrada por um pânico abissal.

"Tenho 59 anos", ela me disse. "Já não é fácil de aceitar. Mas ainda vem o pior. Agora tenho de dizer um número para mim mesma e fico assustada com ele. Nunca escondi minha idade e, veja só, nem sequer consigo falar baixinho o número. É patético."

Aquela confissão me afetou profundamente e passei a sofrer o mesmo drama por antecipação. Tempos depois, reencontrei a amiga e constatei que nenhum resquício daquele medo havia contaminado sua exuberante personalidade. Continuava a mesma pessoa alegre, instigante e desafiadora; em paz consigo e com a vida vitoriosa que havia construído. Era só aquilo mesmo: um número. Mas, para sabê-lo, há que atravessá-lo.

Chegar aos 60 anos quase se compara a um período de luto. Talvez, francamente falando, seja mesmo um luto completo, com todas as suas cinco fases. A começar pela *negação* durante uma visita ao dermatologista e o flerte com os recursos para borrar as marcas da idade, passando pela *revolta* por passar a ser classificada como "idosa" - o que é um absurdo –, para chegar à *negociação*, em que se pretende inventar listas de vantagens irreais, buscando alívio para *depressão*, até que se alcance a *aceitação* libertadora, quando se vira a página e a carteira de identidade.

Por que é preciso tanto sofrimento para que mulheres que se dispuseram à luta por espaço e trabalho, por voz e por atitudes, aceitem com serenidade a passagem do tempo? Será que no íntimo sobrevive uma secreta concordância com a desvalorização e com o estigma que o mundo sinaliza?

Minha hipótese sempre foi um tanto simplista porque está relacionada diretamente às experiências da minha geração. Embora tenhamos contribuído para grandes transformações na vida das mulheres na sociedade brasileira, suspeitava que persistia um problema de identificação. A referência que tenho é a de minha mãe, da mãe de minhas amigas, a maioria delas. Aos 60 – não, antes!, aos 50 – já eram senhoras recolhidas à segurança do lar, homogeneizadas pelo penteado das cabeleireiras do bairro, vestindo roupas austeras e "adequadas", atentas a uma longa lista de itens "que não são próprios para a idade".

Em vez de nos mirarmos nos exemplos notáveis das revolucionárias, daquelas que batalharam duramente para chegar à universidade e desenvolveram carreiras em diferentes campos, ainda estaríamos temendo o modelo majoritário da geração anterior de mulheres conformadas que, não tendo tido a audácia de enfrentar na juventude o mundo hostil, acomodaram-se.

Esse processo de identificação não poderia mesmo explicar tudo. Não se pode negar que em nossa sociedade resiste uma supervalorização da juventude que, em contraponto, sustenta uma visão depreciativa sobre as mulheres mais velhas, processada por elas como um descarte precoce da vida social.

Essas mulheres de 60+ têm olhos bem abertos para a injustiça dessa desconsideração, como demonstra Marcia Neder no extraordinário trabalho de pesquisa que nos oferece em *A revolução das 7 mulheres*. A autora partiu de um pressuposto bem diferente do meu e muito mais realista e generoso. Sendo essa geração feminina justamente aquela que promoveu a mais importante revolução do século 20, como imaginar que não estaria em curso uma outra, que irá desmanchar para sempre a estigmatização da idade? Em benefício de suas filhas, essas mulheres estão definindo um novo perfil. Recortá-lo e exibi-lo é o que Marcia faz neste livro oportuno e alvissareiro.

Ao ouvir as mulheres, Marcia amplia o campo do foco e abre o horizonte de considerações sobre a geração 60+, mostrando que as mulheres sentem e sabem dos limites que lhes são impostos, mas, ao mesmo tempo, não estão nem um pouco dispostas a aceitar como um dado da natureza. Querem muito mais e não pretendem desistir de nada. Aceitam a hora de passar o bastão já com o braço esticado para agarrar um outro e seguir na busca de uma vida rica e interessante.

Lendo *A revolução das 7 mulheres*, passeei mentalmente pelos diversos grupos de estudo que frequento. Os prediletos são justamente aqueles em que "senhorinhas" da minha idade ou ainda mais velhas são a maioria. Sua inteligência e agudeza nas intervenções, o senso de humor autorreferente e em relação aos tempos e aos outros, a imensa disposição para aprender, digerir ideias e inventar novas vidas para elas próprias são empolgantes. Quem imagina uma vida cinzenta para mulheres nessa faixa etária não poderia estar mais equivocado.

Por isso é tão importante um trabalho como o de Marcia. Iluminar uma parcela da população que segue ativa, apesar de estar excluída do horizonte da mídia e da opinião pública, é imprescindível. Essas mulheres estão tomando decisões nas empresas e no governo, estão nas salas de shows e de concertos, nos bares, nos restaurantes, nos aviões. Elas supervisionam a família, pensam no que fazer depois da aposentadoria, cuidam da saúde porque querem viver bem e escolhem com fina seletividade o que usam e consomem. É preciso vê-las, enxergá-las melhor.

Ao longo da leitura de *A revolução das 7 mulheres,* constatamos que elas não toleram a cultura de condescendência em relação à idade a que chegaram. Suas ações não configuram um movimento organizado, mas as mulheres de 60+ mostram seus exemplos e experiências individuais para, com eles, combater preconceitos. E isso é bonito de se ver.

A imprensa feminina vem sendo há muitas décadas um ponto de apoio importante para as mulheres, no Brasil e no exterior. A revista feminina da qual Marcia Neder foi diretora durante tantos anos é um desses exemplos. Foi nela que as leitoras aprenderam a melhorar sua autoestima ao descobrir que os 40 se transformaram nos novos 30, os 50 nos novos 40, e que os 60 tinham virado os novos 50.

Chega disso. Esse é um novo momento. As mulheres não precisam mais se iludir sobre si próprias quando têm tanto de que se orgulhar. Os novos 60 não são motivo de vergonha ou constrangimento. Essa idade tem sido, para muitas de nós, de grandes viradas, de libertação e abertura para novos encontros – a começar consigo próprias – e de descoberta de novos sentidos para a vida.

Estamos em pleno processo de mudança de percepção sobre essa geração feminina, superando a ideia de que possa ser algo negativo, uma desvantagem. A leitura deste livro vai demonstrar como o processo acontece, com que velocidade e com quanta multiplicidade de visões uma geração inteira enfrenta esse desafio. E o tanto que estamos aprendendo juntas a cada dia.

MÔNICA WALDVOGEL
59 anos, jornalista

À minha filha
Roberta, para quem
espero ter facilitado o
caminho, mas
deixado o legado da
eterna desobediência.
Agora é sua vez!

INTRODUÇÃO

Tem uma nova revolução feminina em curso. Silenciosa, mas tão transformadora quanto a primeira. O mesmo grupo de mulheres que viveram a chegada da pílula e entraram no mercado de trabalho, ou seja, ficaram donas do próprio corpo e donas do próprio dinheiro, derrubaram barreiras e quebraram tabus, mais uma vez estão rompendo os limites de seu tempo.

A geração do pós-guerra chegou à maturidade e, para não contrariar seu DNA de guerreira, está reinventando o envelhecimento e criando um novo modelo para suas filhas.

Maturidade não é mais o começo do fim, como na geração de suas mães e avós, na qual a expectativa média de vida era bem mais baixa. Mas o perfil demográfico do país está em mudança acelerada, deixando de ser jovem para ser majoritariamente maduro. Aos 60 anos, é realista projetar que teremos uns 20, 30 anos de vida plena e ativa pela frente.

As mulheres que fizeram a primeira revolução feminina, que foi a mais bem-sucedida transformação social e econômica em larga escala do século 20, não poderiam agora simplesmente se recolher ao papel tradicional da senhorinha que almeja uma vida caseira cercada de netos. Ao contrário, chegam à maturidade ativíssimas, produtivas, independentes, autônomas, bonitas, saudáveis, formadoras de opinião e líderes no meio em que atuam.

É claro que não estou falando de todas as mulheres acima de 50 anos da população brasileira (nem estou abordando os homens maduros, que aparecem apenas pela visão delas). Estou fazendo um recorte preciso dessa geração que está construindo a transição entre duas eras e não consegue se ver retratada pela idade que está na carteira de identidade. Apesar de assumirem com orgulho a idade que têm, as mulheres dessa geração não podem ser definidas, entendidas ou classificadas por essa cronologia, como sempre foi feito, porque a visão tradicional do ciclo biológico ainda está impregnada de conceitos obsoletos. A idade, portanto, não determina suas atitudes, suas escolhas, nem sua visão do mundo.

Há um enorme desconhecimento sobre quem são essas mulheres que se definem como invisíveis na sociedade, escondidas atrás de estereótipos, caricaturas e preconceitos que não condizem com seu verdadeiro papel. E elas querem falar.

Por isso, resolvi fazer uma pesquisa que mostrasse quem elas são, o que pensam, quais são seus sonhos e projetos. Que desse voz e visibilidade à geração que mais uma vez provocará um impacto transformador na sociedade, mesmo que seja na surdina. É um processo sem volta, que já está acontecendo e afeta a família, o mercado, a mídia, a publicidade e a indústria de bens e serviços, que não poderá mais ignorar seu espírito empreendedor renovado, seu sólido poder de consumo e sua tentacular capacidade de influência.

Vai perder dinheiro quem continuar enxergando a chamada Terceira Idade como um borrão sem nuances. Vai perder lucrativas oportunidades quem não souber falar com segmentos maduros cada vez mais definidos, com necessidades específicas muito diferentes entre si.

Esse trabalho, poderá ser um atalho, um facilitador, um decodificador dessa tribo para quem quiser expandir negócios e inovar. Quem sair do borrão e enxergar os detalhes estará à frente da concorrência.

Foram mais de cinquenta entrevistas em profundidade, em quatro regiões do Brasil – Sudeste, Nordeste, Centro-Oeste e Sul. Trinta e quatro delas serviram de base para a pesquisa qualitativa que gerou sete perfis que representam essa geração. Ouvi também especialistas que as circundam (médicos, psicólogos e psicanalistas, publicitários e profissionais de marketing, empresários da indústria da moda e da beleza) e mulheres que são ícones dessa geração que, com suas atitudes transformadoras na própria vida, são uma referência para as gerações mais jovens.

A maioria dos especialistas escolhidos são mulheres igualmente maduras que entenderam de cara o retrato que eu estava tentando fazer, por se incluírem nele. Foram em torno de cem horas de entrevistas gravadas, mais de quinhentas perguntas respondidas por e-mail, de um questionário longo e detalhado.

A pesquisa qualitativa que gerou os sete perfis, um mosaico que representa essa nova mulher 50+, 60+, fiz em parceria com a Club de Pesquisa, liderada por duas mulheres maduras inspiradoras, Regina Sales e Emira Kezh. Neles podemos ver detalhes específicos que tiram esse grupo do borrão. Seguindo o protocolo de pesquisa e o compromisso assumido, às 34 mulheres que me abriram tão generosamente a intimidade, prometi o sigilo de suas identidades. Por isso, estão identificadas só pela inicial.

Para tentar dimensionar com números essa geração, pude contar com a ajuda dos jornalistas especializados em economia Denise Ramiro e Onildo Cantalice, que não desanimaram diante do deserto de pesquisas quantitativas específicas sobre esse segmento, e com as jornalistas Simone Ota e Shâmia Salem, especialistas em beleza, que mapearam os dados (raros!) de consumo do setor com foco nessa faixa etária.

Depois de uma empreitada que durou mais de um ano, este livro só se tornou realidade com o incentivo de duas queridas amigas: Sibelle Pedral, que desde o primeiro minuto tinha o olhar sábio e as palavras certas nas correções de rota, e Mônica Figueiredo, sempre presente com sugestões preciosas, sobretudo depois de fazer a primeira leitura; e também com a visão ágil dos consultores editoriais Alice Penna e Costa e Ayrton Luiz Bicudo, que abraçaram imediatamente a causa, me ensinaram tanto sobre esse mercado, partilharam sua experiência, abriram caminhos e foram incansáveis até que o meu sonho estivesse aqui, pronto nas minhas mãos. Valeu, amigos!

O agradecimento mais carinhoso vai para o Roberto, meu marido, amigo e parceiro que, há 25 anos, me faz sentir a mulher mais especial do mundo, apesar das ausências, do excesso de trabalho, da eterna falta de tempo. Agradeço pela sua compreensão paciente e generosa de quem eu sou e do que me faz feliz.

Este é o primeiro trabalho da empresa Todas as Mulheres, por Marcia Neder. Nesse novo momento de vida, pretendo fazer um mergulho em vários nichos do comportamento feminino, o que sempre me fascina, dando continuidade a três décadas como jornalista especializada no assunto. Escolhi as mulheres maduras para começar.

Minha pesquisa, que nasceu a partir da curiosidade sobre uma tribo diferente do que se convencionou chamar de Terceira Idade, da qual eu faço parte, ganhou agora uma missão: dar voz e visibilidade a essa geração, que já fez uma revolução lá atrás e, silenciosamente, está mudando a vida das mulheres outra vez, criando um novo modelo de maturidade, longínquo do estereótipo da velhinha que está cristalizado na cabeça de tantas pessoas.

Em uma das apresentações que fiz dos sete perfis, uma das mulheres da audiência chegou perto de mim, no final, levantou o punho fechado e disse orgulhosa: "Estamos aqui". E saiu distribuindo um sorriso vitorioso. No mesmo momento me veio à cabeça os versos de Stephen Sondheim, para o musical *Follies*, de 1971, que adoro: "*Good times, and bum times, I've seen them all. And, my dear, I'm still here*" (Bons tempos,

tempos ruins, eu vi todos. E, minha querida, ainda estou aqui). Tive a certeza, então, de que tinha conseguido captar e resumir o sentimento dessa geração. Espero que todos que leiam o livro aprendam mais sobre si mesmos e se sintam inspirados pela mesma força renovadora que recebi de todos os entrevistados, que me transformou e me moveu até aqui.

Marcia Neder

63 anos, jornalista

TRÊS HISTÓRIAS

1

Quando estava na faixa dos 20, a carioca A. adorava dourar ao sol de Ipanema. E se sentia privilegiada por estar vivendo um mundo novo, de grandes transformações sociais. Fez faculdade, mestrado e doutorado em uma época em que a maioria sonhava em casar e ter filhos. Experimentou a liberdade sexual trazida pela pílula, aprendeu a dirigir, deixou de usar sutiã e começou a fumar como as divas de Hollywood. Teve dois filhos. Sem casar. Na época, uma ousadia. E ingressou em uma carreira de marketing que, até então, era um reduto de homens. A liberdade e a independência no comportamento, nas decisões e nas opiniões, sempre conviveram com a extrema responsabilidade e o comprometimento no trabalho, o que lhe valeu uma ascensão rápida na empresa, até chegar a uma posição de destaque como executiva de uma multinacional. Aos 40 anos, teve seu primeiro problema de saúde: perdeu o útero e teve que fazer reposição hormonal. Mas tirou de letra. Foi em frente, com o mesmo ritmo intenso. Até que uma tragédia financeira, provocada por investimentos errados, a fez perder todas as economias da vida. Mas o impacto foi no coração. Aos 59 anos, sofreu um devastador infarto do miocárdio. Foi obrigada a se aposentar e sair da empresa. Parou de fumar, engordou muito e ficou diabética. O excesso de sol trouxe também um câncer de pele. Mas nada iria derrubá-la. Provedora da família, inclusive da mãe idosa que precisa de cuidados especiais vultosos, planejou a redenção. Vendeu o apartamento de luxo e o trocou por um pequeno. Voltou ao mercado de trabalho, recompôs as economias, refez o patrimônio perdido e mergulhou em um tratamento severo de reeducação alimentar. Perdeu 30 quilos, controlou a diabetes, faz exercícios todos os dias e toma religiosamente uma batelada de remédios para o coração.

Com o controle da vida nas mãos e os filhos criados, topou um desafio: passar dois anos no exterior coordenando a implantação de uma filial da companhia. Aos 68 anos, vendeu o carro, bateu a porta de casa e partiu. Está adorando. Fez novos amigos de várias partes do mundo, montou uma equipe pensando na eficiência da diversidade e arranjou um namorado dez anos mais novo. Voltou a estudar história e teologia, temas que adora, e às aulas de violão. Vaidosa, não vive sem cremes e maquiagem, mesmo que vá trabalhar de casa. Perde a cabeça por bolsas e sapatos, mas as viagens são o maior prazer. Em dois anos, estará de volta ao Brasil, reassumindo as antigas funções na área de inovação da empresa, até que viaje outra vez para implantar mais uma filial em outro país. Com esse estilo de vida, pensa só no hoje. Mas morre de saudades do cachorro que ficou com os filhos. Parar? Nem depois dos 75 anos, idade em que projeta sair da atual empresa. Ainda está cheia de planos. Vai montar um negócio próprio.

2 *Até os 15 anos, a vida da paulista N. foi tranquila e confortável. Morava em um ótimo apartamento, viajava para o exterior todos os anos e estudava em um dos melhores colégios da cidade. Até que a empresa do pai faliu e o mundo dourado ruiu. Como era a segunda falência pela qual ele passava, dessa vez não conseguiu se reerguer e entrou em depressão. A mãe, que era dona de casa, mas um talento na máquina de costura, começou a trabalhar. Perderam o apartamento e foram morar com a avó. E N. arranjou um emprego no comércio para continuar pagando os estudos, seu único passaporte para um futuro melhor. A nova realidade financeira foi uma dura, mas preciosa lição. Assumiu o controle emocional da família, que estava em frangalhos, tomava todas as decisões e cuidava com rigor das parcas economias que* *entravam. Foi obrigada a amadurecer muito cedo e nem teve tempo para curtir os loucos e livres anos 60 que mudaram o mundo. Concentrou-se em mudar a própria vida. Mergulhou nos estudos, terminou a faculdade, trocou de emprego, fez pós-graduação e MBA.* Workaholic *absoluta, foi subindo na empresa até chegar a um alto cargo executivo. Comprou um apartamento para a família e cercou os pais de cuidados. Reencontrou um namorado da adolescência, casaram e foi um desastre. Inseguro e doentiamente ciumento, fazia de tudo para sabotar seu crescimento profissional. Fez dois abortos. Sempre dona do próprio destino, pulou fora da relação e resolveu passar um ano no exterior em uma subsidiária da companhia, fazendo uma especialização. Continuava totalmente focada em construir uma estrutura financeira segura. Jurava todos os dias que não passaria por necessidades outra vez, nem teria uma velhice dependente e sem recursos. Sempre austera nos gastos, investiu de forma conservadora, sem riscos. Começou a namorar um colega de trabalho no período fora e foi uma paixão serena e equilibrada, muito diferente do turbulento primeiro casamento. Quando voltou para o Brasil, aos 41 anos, já estava grávida do único filho. Continuaram morando em países diferentes, indo e vindo, e construindo um relacionamento fora dos padrões, mas cheio de harmonia. Lá se vão mais de vinte anos. Aos 61, ainda está na companhia, mas negociando a saída. O marido, que tem a mesma idade, também já foi posicionado pela empresa que está na hora de se aposentar. O filho está fazendo faculdade fora, morando agora com o pai, mas com a vida encaminhada. Os dois não param de fazer planos sobre essa nova fase da vida que vai começar. A mãe morreu de câncer cedo. O pai, contrariando as estatísticas, tem 90 anos e um Alzheimer avançado. Enquanto precisar, ela estará do lado, cuidando dele. Mas, depois, sonha em correr o mundo, sem dia para voltar. Dinheiro? Ela juntou o suficiente para realizar esse sonho.*

3 *Arquitetura era a grande realização. Nem o casamento aos 23 anos, o nascimento da filha e o divórcio apenas três anos depois de ser mãe impediu T. de desenvolver uma carreira de sucesso, fazendo projetos para uma importante construtora no Rio de Janeiro. A família morava em São Paulo e ela e a filha tocavam a vida sozinhas. O pai estava presente, mas a responsabilidade como provedora era sua, arranjo que já se configurava como tendência nessa geração. Seu escritório era movimentado e bem-sucedido, embora dependesse totalmente desse principal cliente. Três décadas depois, a construtora decreta a falência e seu até então próspero negócio torna-se inviável e fecha as portas. Exatamente quando fazia 50 anos. Um baque. Época difícil, bem anterior ao novo* boom *imobiliário que só iria acontecer anos depois. Sentiu, naquele momento, que não tinha horizontes. Ofertas de outras construtoras eram tão baixas que nem dava para considerar. Nesse meio-tempo, a filha tinha passado um ano na Nova Zelândia como intercambista, e voltado para fazer faculdade. Mas só pensava no dia de retornar, desta vez para a Austrália, onde planejava morar. Foi a maior incentivadora para a mãe virar a mesa e ir com ela. Precavida, T. tinha feito seu pé-de-meia em imóveis, já que era do ramo, o que agora era uma garantia básica de renda para a maturidade. Como, então, abrir mão da segurança, largar tudo, mudar de país, ir para o outro lado do mundo sem falar uma palavra de inglês? Pois foi exatamente esse grande desafio que mais a atraiu. Deixou a casa montada, viajou como estudante e hospedou-se com uma família. Foi sozinha porque a filha estava terminando o semestre na faculdade e só podia ir depois. Passou a conviver com jovens de várias nacionalidades e procurou outros cursos de especialização, além do inglês. Com isso, conseguiu um emprego e o visto de permanência, que era vinculado. Se perdesse o emprego, tinha que sair do país. Foi o que aconteceu e a obrigou a passar um período em Bali enquanto solicitava um novo visto de estudante. De volta a Sydney, fez outros cursos e passou a trabalhar como vendedora, primeiro com diamantes, depois com moda e* design*. A filha*

já tinha ido para a Austrália, mas foi morar com amigos, casou e teve um bebê, enquanto ela continuava dividindo um apartamento alugado com outros jovens estudantes, experiência que trouxe uma valiosa sensação de desprendimento e simplicidade. Tudo passava a ter um novo significado, tão diferente da época de arquiteta famosa. Acabou se beneficiando de uma brecha legal que permite a extensão para os pais do visto de residência permanente da filha. Bonita e magra, de cabelo curto e cara lavada, não aparenta os atuais 59 anos, o que é ótimo, já que na Austrália é proibido um empregador perguntar a idade em uma entrevista, para não ser acusado de preconceito. No país, a idade pesa menos, já que a sociedade é estruturada para a maturidade. Até a compra de imóveis tem facilidades especiais para quem tem mais de 55 anos. Só que uma das lojas em que trabalhava fechou e a dona do apartamento que alugava resolveu vender o imóvel. Era hora de voltar para as raízes. Hoje, está livre de todas as amarras. Desmanchou as duas casas, aqui e lá, embora continue a se dividir entre os dois países. Quer passar um tempo aqui porque tem uma renda confortável proveniente dos investimentos da vida inteira e a família. E lá porque é onde estão a filha, o genro e o amado neto. Sem falar nos amigos que colecionou nos dois continentes. Está em busca de desapego e uma vida espiritual mais rica. E não descarta a possibilidade de que ventos a levem de surpresa a algum outro canto do mundo. E diz, feliz, que possuir apenas uma mala é a maior sensação de liberdade que alguém pode ter na vida.

DESOBEDIENTES, SIM!

O que essas mulheres têm em comum, além de serem corajosas, indomáveis e indestrutíveis? De não terem medo de recomeçar depois das rasteiras do destino, sem nunca duvidar da própria capacidade? De saberem multiplicar cada conquista, seguirem em frente sem olhar para trás e nunca se fazerem de vítimas? De chegarem à maturidade incansáveis, otimistas, curiosas e inovadoras?

Em primeiro lugar, a geração. Fazem parte das *baby boomers*, filhas da explosão de nascimentos do pós-guerra ocorridos entre 1946 e 1964. Viveram as profundas e aceleradas transformações que marcaram a segunda metade do século 20, um momento histórico único, e saborearam cada minuto. Como eu saboreei. Percorrer a jornada dessa reportagem tentando saber mais sobre a geração que está reinventando o curso da vida foi como reviver a minha própria história. Lembrar as vitórias, as alegrias e as dificuldades, a satisfação incomparável de ser dona do meu nariz e independente para fazer minhas escolhas. Tocantes momentos em que me vi nelas e as vi em mim.

Nenhuma geração anterior viveu uma revolução sanitária tão grande, desfrutou de um conjunto de avanços da ciência que controlou as doenças infecciosas e criou uma leva de vacinas e antibióticos. Nenhuma geração anterior viveu uma revolução tecnológica tão profunda e veloz, que mudou a nossa relação com a ideia de tempo e espaço, e encurtou as fronteiras, tanto as físicas como as do pensamento. Nenhuma geração anterior teve um acesso tão amplo a um nível educacional de ponta. Nenhuma geração de mulheres na história teve acesso a um método anticoncepcional tão eficiente, a pílula, capaz de permitir o controle do corpo e a libertação da gravidez indesejada.

Outro ponto em comum é que elas, e mais uma legião de outras mulheres, souberam aproveitar esse conjunto de fatores e todas as oportunidades inéditas que foram abertas nessa nova Era que têm a sorte de viver e não aceitaram mais uma posição de coadjuvante na sociedade, como tinha sido a regra até então. Mais educadas e saudáveis, tomaram a pílula e descobriram o sexo descolado da maternidade. Viveram o movimento *hippie*, o amor livre, o direito ao divórcio e o "é proibido proibir". Entraram no mercado de trabalho, buscaram qualificação e ficaram independentes, donas do próprio dinheiro. Desafiaram a sua época e protagonizaram a revolução feminina, que foi a maior transformação social e econômica do século 20.

"Eu nasci em 1939, um pouco antes das *baby boomers*", conta Costanza Pascolato, 75 anos, empresária e consultora de moda e tendências de comportamento. "E me dei conta de que vivi no período mais importante e interessante de toda a história da humanidade. Vivi uma realidade tradicional, até por causa da minha família, que sempre teve princípios rígidos de educação dos filhos, mas também aproveitei todas as liberdades que as mulheres conseguiram nesse período. Quando cheguei no Brasil, vinda da Itália, o telefone era uma caixa de madeira na parede, com uma manivela do lado, um fio com um cone na ponta que colocávamos no ouvido, e as ligações tinham que ser feitas pela telefonista. Hoje, ando com dois iPhones, tenho um site, estou no Instagram e faço uma série no YouTube. Uma revolução absurda! E agora, quando olho para trás, tenho a sensação de que foi tudo tão rápido. O período do pós-guerra, com todas aquelas transformações acontecendo em velocidade, foi incrível!"

Rosiska Darcy de Oliveira, 70 anos, jornalista, feminista, escritora, uma das pioneiras que abriram tantos caminhos para todas as mulheres, resumiu perfeitamente essa gigantesca mudança, em entrevista à Ludmilla de Lima, do jornal *O Globo*: "Houve a quebra de um paradigma milenar. Eu vivi três séculos. Tive contato com o 19 pela minha avó, depois vivi o 20 e acho que ajudei a parir o 21. A mudança foi, fundamentalmente, a liberdade. Escolher se você se casa ou não, se tem filhos ou não, se quer uma profissão ou outra: coisas básicas da vida real de hoje".

> **"NOS ÚLTIMOS CINQUENTA ANOS, NOSSO ESTILO DE VIDA MUDOU MAIS DO QUE NOS 10 MIL ANOS ANTERIORES. ESTAMOS VIVENDO HOJE A MAIS EXCITANTE ERA DA HUMANIDADE, A ERA DAS GRANDES MUDANÇAS E DA ACELERAÇÃO DA INOVAÇÃO.** Alex Zhavoronkov, cientista que trabalha em biotecnologia, medicina regenerativa e economia do envelhecimento, diretor da Biogerontology Research Foundation e autor do livro *The Ageless Generation: How Advances in Biomedicine Will Transform the Global Economy* (A geração sem idade: como os avanços em biomedicina vão transformar a economia global, 2013)

Uma desafiadora jornada de lutas e conquistas. Mas não foi da noite para o dia. E não foram todas as que se dispuseram a mudar a condição feminina. Estou falando de um grupo que se distingue por atitude, personalidade e visão de mundo, e por ter construído uma história pessoal de liberdade e independência. Com total controle do seu destino, capacidade de se reinventar a cada dificuldade, de fechar e abrir novas portas e de ir em frente sem medo, em busca de uma nova fase mais feliz, sem remoer o que passou. Aliás, olhar para trás apenas se for por aprendizado, nunca para lamentar o que não fez.

Um grupo de mulheres que teve algumas bravíssimas antecessoras do Movimento das Sufragistas, lá no século 19, que foram para as ruas, fizeram greve de fome, enfrentaram a prisão e nos legaram o primordial direito da cidadania, o voto (Ver "1. As sufragistas: uma longa linhagem de rebeldia", p. 299). E outras importantes e inspiradoras contemporâneas que insuflaram a rebeldia e a não submissão.

Em 1963, a escritora Betty Friedan (1921–2006) faz uma crítica feroz ao lugar de subordinação ocupado pela mulher no livro *A mística feminina* (1963), que é considerado um marco da luta pela libertação: "A revolução feminina teve que ser feita porque a mulher foi parada em um estágio da evolução muito abaixo da sua capacidade humana", dizia, arrepiando o sistema.

Na Inglaterra, a acadêmica e escritora australiana Germaine Greer, nascida em 1939, escreve *A mulher eunuco* (1971), um manifesto contundente que acirra a luta pela igualdade na sociedade. Com ácida ironia, pergunta:

> # “DE ONDE SAIU A IDEIA DE QUE A COISA MAIS ESPETACULAR QUE EU PODIA SER NA VIDA ERA OBEDIENTE?
>
> Germaine Greer, 76 anos, escritora, no livro *A mulher eunuco*, 1971

Ela traduziu em uma palavra o sentimento que moveria a nossa geração, aqui e no mundo: a desobediência. Seria esse o estilo de vida daí para a frente, diante de todos os limites, dificuldades e barreiras impostos pela sociedade conservadora e machista, que faria de tudo para rebaixar as mulheres e manter a tradição.

Toda essa agitação chegou ao Brasil e fez muitas mulheres desobedecerem ao *script* estabelecido. Mergulharam nos livros de Simone de Beauvoir (1908-1986) e consagraram sua mais famosa frase: “Não se nasce mulher, torna-se mulher”. Já nos anos 70/80, ouviram atentas as análises cortantes de Rose Marie Muraro (1930-2014), que trouxe Betty Friedan ao Brasil, leram os periódicos *Nós Mulheres* e *Mulherio*, que abordavam temas polêmicos como aborto e mortalidade materna, e aprenderam com Leila Diniz (1945-1972) que mostrar a barriga de grávida na praia de Ipanema era a coisa mais natural do mundo.

> **“QUANDO JOVEM, EU ME IMPRESSIONAVA COM A ATIVISTA AMERICANA BETTY FRIEDAN. NÃO SER COMO MINHA MÃE ERA A MINHA META.** Y., 67 anos, empresária

Para viver intensamente os desafios da época, a pílula foi um instrumento fundamental. Quando a americana Enovid-10 e a alemã Anovlar chegaram ao mercado em 1960, com apenas dez meses de diferença entre um e outro lançamento, as mulheres aderiram com força (ver “2. A invenção da pílula anticoncepcional” na p. 301). Mas “a pílula não foi criada por uma demanda da mulher”, explica Carmita Abdo, 65 anos, psiquiatra, professora da Faculdade de Medicina da Universidade de São Paulo (FMUSP) e coordenadora do Programa de Estudos em Sexualidade (ProSex) da FMUSP. “Foi uma demanda da economia do pós-guerra, que precisava do contingente feminino nos postos de trabalho, diante da evidência de que os homens não conseguiriam mais prover sozinhos as necessidades de suas respectivas famílias. Para isso, a gravidez precisava ser programada. Tinha que ser uma condição menos natural, menos espontânea. Essa programação estava a serviço de uma mudança econômica brutal.”

“Em um primeiro momento, a mulher se utilizou da pílula para se inserir no mercado de trabalho e crescer profissionalmente”, explica a professora e pesquisadora Carmita Abdo, que não só estuda o assunto como viveu intensamente as mudanças do século 20. “Levou um tempo até ela começar a aproveitar o benefício do controle da gravidez para o seu próprio prazer e sua qualidade de vida sexual.”

“A LIBERDADE SEXUAL É SOMENTE UM DOS MUITOS ASPECTOS DESSE MOMENTO DE PROFUNDAS TRANSFORMAÇÕES QUE ESSA GERAÇÃO CONQUISTOU E VIVEU. Carmita Abdo, 65 anos, psiquiatra, pesquisadora e professora da Faculdade de Medicina da USP

Essa geração que fez a passagem precisou desobedecer a inúmeros padrões, o que nem sempre era fácil. “Eu fiz magistério e fui criada para ser professora e casar, como era comum na época”, conta S., 54 anos, educadora e empresária. “É claro que meu primeiro casamento não deu certo, porque era para atender às expectativas tradicionais do meu pai e da minha mãe. Tive que romper com tudo que esperavam de mim para ser fiel ao que eu queria. Fui para o segundo casamento com a cabeça inteiramente mudada e, finalmente, livre. Tivemos dois filhos e, durante algum tempo, ainda dependi do marido. Mas isso começou a me incomodar. Fiz vestibular, me formei em pedagogia, e finalmente realizei o sonho de ser professora, montando a minha própria escola. Meu marido, que é um empresário de sucesso, me ajudou muito a aprender a ser uma boa gestora. Afinal, eu tinha estudado para dar aula. Aos 40 anos, me tornei uma empresária realizada.” Hoje, S. nem de longe lembra aquela moça insegura do primeiro casamento. Morena, cabelos curtos, vestido amarelo sem alças, perfeito para o dia quente de verão, fala alto e gesticula com energia e determinação, enquanto pontua as próprias conquistas.

“Minha mãe não saiu de casa para trabalhar, como eu fiz. Eu peguei a fase em que a mulher tinha que fazer quinhentas coisas e ser perfeita em tudo”, diz C., 58 anos, consultora de reavaliação de carreira. "Tive enfrentamentos com o meu pai quando ele percebeu que a filha estava com um pé fora de casa, tinha vontade própria e era impositiva e assertiva sobre o que queria da vida. Casei, tive filhos e ainda demorei sete anos para sair para trabalhar. Nessa época, me virava em mil, fazia todas as tarefas, parecia que estava em vários lugares ao mesmo tempo só para meus filhos e meu marido nem notarem que eu não estava em casa, de tanta culpa que eu sentia. Até que consegui romper com esse papel e estabeleci limites. Hoje, eles valorizam quem eu sou e me admiram por ter virado a mesa. O problema é que todos ainda acham que eu sou tão forte e independente que não preciso de proteção. E não é bem assim!" C. tem que repetir bastante isso, porque tem a imagem perfeita de uma mulher forte, com os longos cabelos negros e as sobrancelhas definidas da herança ibérica, o vigor com que defende suas ideias e a luminosa simpatia.

Para muitas, a maior motivação era justamente olhar a vida das próprias mães como exemplo de tudo que não queriam para si mesmas. E buscaram a ruptura com esse modelo que elas tentavam transmitir. Para outras, a desobediência foi abençoada pelas mães, que já eram exceções em sua época, mulheres adiante de seu tempo, precursoras sinalizando novos caminhos e possibilidades. Ou, então, apesar de estarem presas a papéis tradicionais que não podiam mais transformar, vislumbravam e incentivavam um novo futuro para as filhas.

"Minha mãe já era feminista, mesmo tendo nascido em 1918 e morrido cedo, aos 50, de câncer de mama, em uma época em que os recursos eram precários", relembra I., 59 anos, advogada. "Formada em química, dava aula na USP e fez carreira em um grande laboratório. Éramos três filhas e, quando ela se foi, meu pai vestiu o papel de feminista. Não fomos criadas para casar. A universidade era obrigatória. O casamento, uma eventualidade. Crescemos muito diferentes do resto da família e dos amigos da escola."

> **“O MODELO INCRÍVEL DE MÃE QUE TIVEMOS NOS DEU UM ALICERCE SÓLIDO. SOMOS TRÊS MULHERES DE UMA AUTOCONFIANÇA ABSURDA, QUE EU NÃO VEJO EM OUTRAS FAMÍLIAS. ESTAMOS SEMPRE DE CABEÇA ERGUIDA, NÃO TEMOS MEDO DE NADA.** I., 59 anos, advogada

“Minha mãe era de fazenda, do interior do Nordeste. Viveu em uma sociedade que eu definiria como primitiva”, lembra J., 68 anos, socióloga, professora universitária e coordenadora de pós-graduação. “Mas ela e meu pai queriam um outro futuro para os filhos. Saí do interior e fui para um colégio interno em Recife que tinha uma cultura americana bem mais globalizada. Pude viver em um mundo completamente diferente. Pelas oportunidades que nos propuseram, vejo que tinham uma visão muito além de seu tempo.”

“A geração da minha mãe não teve as mesmas oportunidades que eu tenho hoje”, conta M., 70 anos, artista plástica. “Mesmo assim, ela foi muito moderna e corajosa. Se separou do meu pai em uma época em que o divórcio era considerado quase um assassinato, pelo menos na Bahia. Fez isso porque descobriu que ele tinha casos com outras mulheres. Em vez de aceitar, como a maioria, e fingir que não sabia, acabou com o casamento e foi viver a vida com os sete filhos.”

"Cresci vendo a minha mãe trabalhar, apesar de ter seis filhos", conta D., 61 anos, administradora da empresa da família. "Primeiro como professora, que era o normal da época. Mas ela não ficou nisso. Fez vestibular, cursou arqueologia e estava frequentemente viajando para fazer escavações. Nós escutávamos o tempo todo o papai dizendo que as mulheres tinham que trabalhar, o que era bem avançado da parte dele. Meus filhos já se acostumaram desde pequenos com essa avó diferente. Quando nos reuníamos na ceia de Natal, ela estava sempre chegando de alguma escavação e contando as histórias. Como eu também sempre trabalhei, eles aprenderam que isso é parte natural da vida."

Nós, as *baby boomers*, recebemos o legado dessa história libertária, que fugia dos padrões conservadores da época, e fomos criadas na efervescência desses questionamentos. Coerente com eles, construímos uma vida plena, produtiva e autônoma. Desobedecendo às regras sempre que era necessário.

Há cerca de 20 anos, a jornalista Regina Lemos, que nos deixou precocemente em 1996, aos 46 anos, no acidente do avião da TAM, em São Paulo, registrou, em seu livro *Quarenta: a idade da loba* (1994), como a vida, os valores e as conquistas dessa geração já mostravam que ter 40 anos naquele momento era diferente dos 40 de todas as gerações anteriores. Agora, as "lobas" de Regina que mostro neste livro concentram-se entre 50 e 70 anos. Chegam à maturidade e não conseguem se encaixar no modelo de velhice consagrado pela tradição. E refletem sobre seu novo papel em uma sociedade e em um momento histórico únicos.

"Como se não bastasse ter pertencido à geração que queimou sutiãs, incendiou os preconceitos, experimentou as primeiras pílulas anticoncepcionais e abriu caminho no mercado de trabalho para as garotas de hoje, percebo que faço parte de mais um grupo inovador. O grupo do meio." A descrição precisa foi feita por Ruth de Aquino, jornalista, em sua coluna da revista *Época*, de maio de 2014, com o título de "O início, o fim e o meio". "Com uma neta de um ano e uma mãe de 91, sou testemunha privilegiada do ciclo inteiro da vida. (...) Existe um desgaste emocional para as mulheres de 50 ou 60 que se desdobram em ser o elo de quatro gerações. É um momento da vida em que se perde qualquer segurança imaginária em relação aos pais, qualquer ilusão de poder em relação aos filhos. É um desafio encontrar-se inteira no meio desse palheiro", resume Ruth.

Mais uma vez as combativas mulheres dessa geração precisam esticar os limites de seu tempo e mudar tudo porque a sociedade brasileira em que vão envelhecer está passando por uma transformação profunda quanto ao seu perfil demográfico.

O Brasil é a cada dia um país mais velho.

No ano 2000, havia cerca de 27 milhões de brasileiros acima de 50 anos, com quase dois milhões de mulheres a mais que homens. Em 2010, a população acima de 50 anos já havia crescido para 39 milhões, com 3,2 milhões de mulheres a mais. Se a população madura no Brasil, hoje, é estimada em 21% da população, as projeções dos analistas calculam que, em 2030, teremos mais pessoas com mais de 65 anos do que entre 0 e 14 anos. E em meados do século, a turma 50+ representará 40% do país. Além disso, os números do IBGE sobre 2013, divulgados no final de 2014, mostram mais um aumento: a expectativa de vida média passa para 74,9 anos, sendo 78,6 para as mulheres e 71,3 para os homens. Ou seja, viveremos 7,3 anos além deles (ver "3. Um novo Brasil mais velho", p. 301).

O Brasil mais velho é predominantemente feminino.

A tribo das desobedientes novamente será protagonista de uma grande revolução. Desprezará os limites e reescreverá a história. Não há como essa geração envelhecer como as outras.

“HÁ UMA REVOLUÇÃO DA LONGEVIDADE ACONTECENDO NO MUNDO, NO BRASIL TAMBÉM. E ISSO PROVOCARÁ MUDANÇAS CULTURAIS E SOCIAIS PROFUNDAS. A DIFERENÇA DE EXPECTATIVA DE VIDA ENTRE HOMENS E MULHERES NO BRASIL É DE QUASE 8 ANOS, UM NÚMERO ALTÍSSIMO. POR ISSO, O PAPEL DA MULHER SERÁ CRUCIAL NA CONSTRUÇÃO DE UMA NOVA SOCIEDADE.

Alexandre Kalache, 69 anos, médico e presidente do Centro Internacional de Longevidade Brasil (ILC-BR)

Maior especialista brasileiro em estudos da longevidade e referência mundial no assunto, Dr. Alexandre Kalache criou o conceito de *geronto-lescentes* para descrever essa fatia da população que vai reinventar o envelhecimento, reconstruir a sociedade e criar uma cultura de cuidados essenciais para essa nova realidade demográfica. "A adolescência é a fase de ousar, experimentar, e costuma durar de quatro a seis anos", explica. "Os gerontolescentes estão passando por uma transição semelhante, só que pelos próximos 30 anos. Têm muito mais tempo para virar a mesa."

Na sociedade brasileira da metade do século passado, o ciclo da vida era composto por duas décadas entre o nascimento e a entrada no mercado de trabalho, trinta anos de vida profissional para os sortudos e um tempinho pequeno de aposentadoria. Bastava um dinheirinho de pensão. Como muitos não chegavam lá, o sistema era sustentável. Na segunda metade do século 20, houve uma acelerada urbanização no Brasil. Menos pessoas no campo e mais gente trabalhando nas cidades, podendo contar com a possibilidade de uma pensão. A expectativa de vida foi subindo velozmente, mais gente chegando à aposentadoria, recebendo valores pequenos e tendo que viver com eles por mais tempo.

Hoje, é completamente diferente. Quando chegamos à maturidade, podemos pensar em vinte, trinta anos a mais pela frente, embora a organização da sociedade e o sistema de aposentadoria continuem presos à lógica antiga. Aqui e no mundo, o sistema começa a quebrar porque não foi desenhado para chegarmos aos 80/90. Nos países envelhecidos da Europa, por exemplo, a crise de sustentabilidade da previdência social já está instalada. Até mesmo na Alemanha, onde o sistema foi criado, no final do século 19 (ver "4. A origem da aposentadoria", p. 303).

É necessária uma nova forma de preparar o futuro. E está em nossas mãos.

Do grupo dos gerontolescentes do Dr. Kalache fazem parte toda a população madura do país. Os *baby boomers* estão agora entre 50 e 70 anos. Meu estudo faz um recorte e foca nas mulheres dessa geração que protagonizaram a revolução feminina e construíram uma história de independência. Não estou falando de todas as mulheres maduras. Há enormes diferenças entre elas. Por isso, eu as defino por atitude, estilo de vida e visão do mundo. E pela capacidade de serem novamente pioneiras e transformadoras.

Mas quem são elas?

Como pensam, agem e tomam decisões, hoje, as desobedientes do século 20?

UMA NOVA VERDADE SOBRE A IDADE

Envelhecer para elas não é esconder ou renegar a idade. Ao contrário, têm idade, sim. E assumem, sem nenhum problema. Ao mesmo tempo, sentem um grande distanciamento do significado tradicional da idade, porque, depois de todas as profundas e intensas mudanças vividas no século 20, mais uma vez estão no centro de uma grande transformação no processo de envelhecimento. Novamente são protagonistas e agentes dessa travessia. Não conseguem, no calor da passagem, se ver retratadas por aquele número que está na carteira de identidade. Por isso, também não podem ser definidas, entendidas ou classificadas pela idade biológica, segundo o conceito tradicional.

Ao longo deste trabalho, o que mais ouvi é que a idade para elas é só um número na carteira de identidade, que nem lembram que existe. Não as governa.

> "TENHO 69 ANOS E ISSO NÃO QUER DIZER NADA PARA MIM. NÃO DEFINE O QUE EU PENSO, NEM MINHAS ATITUDES. NÃO É ESTIGMA, NEM DESTINO. É SÓ UM NÚMERO NA CARTEIRA DE IDENTIDADE, QUE EU NEM LEMBRO QUE EXISTE. NÃO ME GOVERNA. S., empresária, 69 anos

Não governa mesmo. Aos quase 70 anos, S. tem uma pele de matar de inveja, lisinha e bronzeada, cabelos castanhos soltos sempre bem cuidados, um sorriso exuberante emoldurado pelo batom vermelho intenso, que combinam com a energia infinita, a aura sedutora e a capacidade de atrair o olhar de admiração de todos.

Outra mulher que dá inveja pela elegância, a classe e a inteligência, musa de todas nós, diz com tranquilidade: "Eu nunca tive problemas em dizer a minha idade". Costanza Pascolato, 75 anos, empresária e consultora de moda, confessa: "Ao contrário. Houve uma época em que eu não estava bem e até a aumentava um pouco para ninguém perceber que não era uma boa fase".

"Minha idade é pública", diz Bruna Lombardi, 62 anos, atriz, escritora, produtora e diretora de cinema. "Mas eu nunca deixei que fosse representada por um número, nem idade, nem conta bancária, nada. Números não são representativos, não dizem quem a gente é."

> **"O QUE IMPORTA NÃO É O QUANTO, É O COMO. EU NÃO CARREGO NENHUM NÚMERO. A IDADE SÓ NOS DEFINE SE A GENTE PERMITIR.** Bruna Lombardi, 62 anos, atriz e produtora de cinema

"Tenho tantas amigas e não sei qual é a idade delas. Nem passa pela minha cabeça perguntar", continua Bruna. "Eu presto atenção em tantas coisas interessantes que as pessoas transmitem. Por que vou me preocupar com fatores que são totalmente irrelevantes? A vida é tão maior que uma contagem de tempo, isso é uma convenção. Contar o tempo limita. E qualquer restrição ou limitação diminui o tamanho do nosso pensamento. A vida é expansão e movimento."

Um outro fator que surgiu com força: a idade, para elas, é elástica. Se são casadas com um homem mais novo, são mais jovens que ele. Se trabalham com jovens, lidam de igual para igual nesse universo. Se foram mães tardiamente, como eu, que tive a Roberta com 39 anos, têm a mesma idade das outras mães da escola, a maioria na faixa dos 20 anos. Não é uma questão relevante. "Eu às vezes me embaralho, esqueço a idade que tenho e me pego pensando como se tivesse 30 anos", diz I., 59 anos, advogada. Até a gente se confunde quando conversa com ela, diante da segurança dos seus gestos, da voz pausada, do olhar firme, da elegância refinada e dos braços torneados nos exercícios diários, que ela exibe orgulhosa.

> "POR QUE ESSA MANIA DE NÚMERO? EU TENHO 74 ANOS E PAREÇO A IDADE QUE EU TENHO. MAS, SE PRECISAM DE UM NÚMERO PARA ME CONHECER, MELHOR PERGUNTAR QUANTO EU CALÇO, OU O MEU PESO. Lidia Aratangy, 74 anos, terapeuta de casais e família e escritora

"Não sinto a minha idade nem mudei a minha vida por causa dela. É muito forte essa sensação de que o número não bate", diz Luiza Helena Trajano, 63 anos, presidente do Magazine Luiza e uma das empresárias mais atuantes do país. "Tenho muita energia para fazer várias coisas ao mesmo tempo. Diminuí algumas responsabilidades operacionais na empresa e agreguei uma série de outras: participo do grupo Mulheres do Brasil, que está trabalhando politicamente, faço parte do Comitê Olímpico Internacional, luto no IDV (Instituto para Desenvolvimento do Varejo), e faço parte do Conselho do Governo." O entusiasmo de Luiza Helena é contagiante, envolve a todos que a escutam falar com o sorriso largo e o simpático sotaque caipira que já virou sua marca registrada.

> "EU NÃO SINTO A IDADE PORQUE ESTOU SEMPRE ME RENOVANDO, ME REINVENTANDO. VOCÊ TEM A IDADE NA QUAL SE ACOMODA.
>
> Luiza Helena Trajano, 63 anos, presidente do Magazine Luiza

"A relação com a idade mudou muito da geração da minha mãe para a minha", conta P., 56 anos, empresária. "Minha mãe se casou pela segunda vez com um homem 15 anos mais novo e falsificou os documentos para que ele não soubesse sua idade verdadeira. Ela já morreu e o viúvo até hoje não sabe quantos anos ela tinha. Minha sogra é igualzinha, tem o maior problema com a idade e nunca quis que minha filha a chamasse de vovó. Esse é um problema crônico na geração delas, e não vejo isso acontecendo na minha. Assumo totalmente a minha idade e sei que estou ótima nessa fase da vida. Não tem jeito, vamos envelhecer. Então, melhor olhar para a frente, curtir a vida e fazer a transição da melhor forma possível." P. transborda autoconfiança, quando gesticula e sacode os cabelos cacheados e louros, que combinam com o corpo em forma, as roupas estampadas e o olhar alegre.

Mas por que, então, essa aparente contradição entre assumir a idade, mas não se ver representada por esse número?

"Ela não sente a idade porque ainda é um processo em andamento, não está pronto", responde Ricardo Guimarães, 66 anos, empresário e consultor de desenvolvimento de marcas na Thymus Branding, com a autoridade de ser o criador da campanha histórica da Natura, que trazia nos anos 90 a beleza madura da mulher de verdade para os anúncios do creme anti-idade Chronos, em uma quebra enorme de paradigma. Até então, o mercado só mostrava produtos com a imagem de mulheres jovens ou com áridas descrições científicas sobre a estrutura da pele. "A Terceira Idade ainda está sendo construída. Estamos passando por um momento de transição da Sociedade Industrial para a Sociedade do Conhecimento. Essa mulher que você está pesquisando está bem no meio, na passagem de uma era para outra. Na Sociedade Industrial do século 20, uma pessoa com 50 anos estava velha. Na Sociedade do Conhecimento do século 21, os velhos têm 80. Isso é novo, ainda não temos intimidade com essa ideia."

“AQUELE NÚMERO NA CARTEIRA DE IDENTIDADE QUE AS MULHERES DESSA GERAÇÃO ESTRANHAM TEM O SIGNIFICADO DA SOCIEDADE INDUSTRIAL QUE ESTÁ FICANDO PARA TRÁS. AQUELE NÚMERO TEM QUE PASSAR A SIGNIFICAR QUEM ELAS SÃO REALMENTE NA NOVA SOCIEDADE DO CONHECIMENTO QUE AINDA ESTÁ SENDO FORMADA. E É ELA QUEM ESTÁ CRIANDO A NOVA VERDADE DESSE NÚMERO. NESSE CONTEXTO, A IDADE ESTÁ SENDO VALORIZADA, NÃO DESAPARECENDO. Ricardo Guimarães, 66 anos, empresário e consultor de *branding* na Thymus.

Nos países avançados, os *baby boomers* passaram pelo mesmo processo, e esse descolamento com a idade acabou popularizando a expressão *ageless generation*, a geração sem idade, que deu nome até ao livro do Dr. Alex Zhavoronkov que citei aqui. Mas essa também é uma noção que está evoluindo nesses novos tempos.

Tem uma parte de nós que ainda está presa àquele conceito antigo, apesar de estarmos derrubando na prática todo o seu significado, daí o estranhamento. Quando eu tinha a idade da minha filha, alguém que tinha 60 anos era um velho. Algum resquício disso pode ter sobrado dentro de mim. Hoje, minha filha não tem mais a mesma visão dos 60 porque está convivendo com uma nova realidade que eu estou criando. Não estamos apenas fazendo a transição de uma era para outra, também estamos fazendo a transição dos 60 anos da Sociedade Industrial para os 60 anos da Sociedade do Conhecimento, que é uma outra verdade para o mesmo número. Ou seja, aquela frase que a gente sempre escuta de que os 50 são os novos 40 e que os 60 são os novos 50 está completamente ultrapassada.

Agora, os 60 são os novos 60.

À medida que fui caminhando nesta pesquisa, eu me surpreendi com a imensa vontade que essa geração tem de expressar seus sentimentos, suas dúvidas e certezas sobre o momento que está vivendo. Mulheres ocupadas, empresárias poderosas, altas executivas, profissionais liberais, artistas, intelectuais, acadêmicas, líderes de diversas áreas, famosas ou não, todas abriam brechas rapidamente em suas agendas lotadas para conversar comigo assim que contava qual era o tema do estudo. Conhecem perfeitamente o que representam no Brasil de hoje e querem falar. Por vários motivos. Alguns saltaram imediatamente.

> **NÓS TRANSFORMAMOS A VIDA DAS MULHERES, CONSTRUÍMOS, PRODUZIMOS, REALIZAMOS, ABRIMOS TODAS AS PORTAS, DEIXAMOS TUDO PRONTO PARA NOSSAS FILHAS... E SOMOS INVISÍVEIS!** L., presidente de empresa, 63 anos

É estranho ouvir isso de uma mulher que está no topo de uma corporação, numa posição de grande exposição. Sem perder a gentileza e a feminilidade, apesar do coque discreto, as roupas austeras e masculinas, e o forte aperto de mão, diz com simplicidade que se sente invisível. Estranho, mas a verdade é exatamente essa.

Somos invisíveis. Invisíveis para os homens, invisíveis na mídia, invisíveis para a indústria da moda. A lista é grande. Várias mulheres poderosas e seguras manifestam-se sobre o que consideram um desrespeito à história que criaram e às suas conquistas.

“VOCÊ VÊ QUE, NA MAIORIA DAS DEFINIÇÕES DE *TARGET*, A MULHER NÃO PASSA DE 49 ANOS. PARECE MÁGICA. AOS 49 ANOS, BAIXA UMA CORTINA. É COMO SE A IDADE PARASSE ALI. Marlene Bregman, 72 anos, consultora de planejamento estratégico da agência Leo Burnett

Marlene sabe bem o que diz, depois de uma vida dedicada a entender o comportamento do consumidor e a analisar a maneira equivocada como a mulher é retratada em muitas campanhas publicitárias. Com cabelos ruivos, olhar faiscante e ira sagrada, defende suas opiniões com contundência.

“Essa questão da invisibilidade procede totalmente”, diz Christina Carvalho Pinto, 63 anos, fundadora e presidente do Grupo Full Jazz de Comunicação e líder do Portal Mercado Ético, uma mulher que luta para transformar positivamente o universo midiático. “E não apenas na mídia a que estamos mais acostumados, como tevê e revistas, mas na arte como um todo. Se tomarmos Hollywood como exemplo, as grandes atrizes depois dos 40 anos começam a perder bons papéis, que só aparecem de vez em quando, se precisam viver alguém famoso ou emblemático.” Christina é um perfeito exemplo dessa mulher revolucionária, que não aceita limites. Com cabelos negros abaixo dos ombros, terninho branco impecável, com o corpo e a postura moldados pelas artes marciais chinesas, questiona tudo que não seja direto e transparente.

> **“ESSA FAIXA ETÁRIA VAI SE TORNANDO, SIM, INVISÍVEL. E UMA DAS PRINCIPAIS RAZÕES É QUE HÁ UMA COMPLETA DESINFORMAÇÃO SOBRE QUEM É ESSA MULHER.** Christina Carvalho Pinto, 63 anos, presidente do Grupo Full Jazz de Comunicação

“Quando elas dizem que são invisíveis, é real”, diz Ricardo Guimarães. “Mas isso acontece porque ainda não há uma linguagem que as defina. Sem uma linguagem, não há visibilidade. A mulher dessa geração ainda está procurando uma linguagem que expresse a sua maturidade e ela será a revolucionária que vai criar isso. Existe um *design* natural e um *design* cultural. O cultural é o nosso desejo. O natural é o *design* da vida como ela é. Esse embate entre o desejo e a realidade é o encontro da linguagem. Você está botando luz sobre a busca da linguagem que esta geração está fazendo. É com uma quantidade expressiva de mulheres que se comportam de uma maneira semelhante que vai haver visibilidade. Não é a sociedade que não vê, é o processo que ainda não está maduro.”

Nesse processo de construção em andamento, a questão do desconforto com a invisibilidade se repetiu tantas vezes que mudou o rumo da minha pesquisa. Neste livro, elas terão voz e visibilidade para nós, juntas, buscarmos essa nova linguagem que vai transformar a sociedade outra vez, criando um novo modelo de maturidade, longínquo do estereótipo da velhinha frágil e dependente.

“A LINGUAGEM SURGE PARA DENOMINAR, IDENTIFICAR E DAR VISIBILIDADE PARA UMA COISA QUE A GENTE AINDA NÃO SABIA O QUE ERA. ESSA GERAÇÃO ESTÁ INSTITUCIONALIZANDO UMA NOVA ESTÉTICA PARA ESSA IDADE. O *DESIGN* DA VIDA TEM QUE SER RESPEITADO.

Ricardo Guimarães, 66 anos, empresário e consultor de *branding* na Thymus

A TRANSFORMAÇÃO SILENCIOSA

Nada contra essa vovozinha que está na cabeça das pessoas. Elas são muitas, provavelmente a maioria. Só que não é a maioria que transforma. O poder transformador está sempre nas mãos da minoria aguerrida que está na linha de frente, mudando comportamentos, empurrando limites, quebrando modelos estabelecidos, não aceitando "não pode" como resposta.

Foi um grupo pequeno que, no dia 7 de setembro de 1968, se reuniu em Atlantic City, nos Estados Unidos, ameaçando queimar sutiãs em protesto contra o concurso de Miss América, que se realizava na cidade. Consideravam o evento um incentivo a uma concepção opressiva de beleza, sobretudo pela exploração comercial. Na verdade, o episódio que entrou para a história como a Queima dos Sutiãs foi simbólico, não queimou peça nenhuma. Mas incendiou o mundo. E mudou a história das mulheres para sempre.

As *baby boomers* não querem mais queimar sutiãs. Essa era a linguagem daquela época. Ao contrário, adoram *lingerie* bonita e sexy. Mas querem hoje, simbolicamente, queimar bengalas, sobretudo as que são usadas para reforçar preconceitos, como esta aqui:

> **“COMO POLÍTICA PÚBLICA É IMPRESCINDÍVEL, PARTE DA CIDADANIA EM UMA SOCIEDADE MODERNA. MAS É PARA QUEM PRECISA. ME REVOLTA QUANDO EU VEJO ABUSOS, SOBRETUDO POR PARTE DOS JOVENS.** J., 68 anos, socióloga e professora universitária

J. é uma professora rigorosa, nordestina arretada. Morena, cabelos curtos de corte reto, ela é enérgica e não hesita em usar a voz forte e o sotaque marcado para lembrar aos jovens que é defensora ferrenha dos direitos sociais dos mais necessitados. Fora isso, é o bom humor em pessoa, com uma gargalhada contagiante.

É claro que estou com ela. Quando falo em queimar as bengalas do preconceito, é apenas uma metáfora. As mulheres dessa geração são engajadas e sabem muito bem a importância de haver políticas públicas que transformem as cidades em lugares mais amigáveis e deixem a vida dos idosos que realmente precisam mais fácil. Mas elas acham que essa é uma necessidade muito distante ainda de suas vidas. E, aos 60 anos, nesse momento tão cheio de vitalidade que estão vivendo, não conseguem se reconhecer nessa imagem que traduz fragilidade e dependência, um retrato do conceito sobre a velhice típico do século 20. “Se eu usar uma vaga de idoso, vou me sentir fazendo uma agressão àqueles que realmente precisam”, diz F., 65 anos, vice-presidente de empresa.

E ela não precisa mesmo. Magrinha e ágil, caminha rápido com seus saltos altíssimos e o vestido de cintura bem marcada. Agitada e dinâmica, joga os cabelos pretos para trás com gestos delicados, enquanto fala com voz suave do que acha que é o certo a fazer.

> **“AS LIMITAÇÕES FÍSICAS SÃO REAIS, VÃO APARECENDO POUCO A POUCO. MAS O EFEITO É CONTRÁRIO. PARECE QUE VAMOS ADQUIRINDO MAIS FORÇA, MAIS PODER.** Elizabeth Monteiro, 65 anos, terapeuta de família e escritora

Betty Monteiro fala de limitações físicas, mas não é o que se vê nela. Bonita, cabelos curtos com mechas claras, é o tipo da pessoa que está sempre em ação. Quando conversamos em seu consultório, vestia jeans e um tênis brilhante e colorido. Estava pronta para viajar para o interior, no fim de semana, rotina que adora e não perde por nada. É quando encontra o marido, que mora lá, e os amados seis netos.

“Fila prioritária e meia-entrada são uma espécie de desenergização, uma maneira sutil de diminuir, reduzir nosso potencial. Não queremos ser vistas assim”, diz Marlene Bregman, com o tom apaixonado de sempre. “A visão generalizada de fragilidade não passa de um viés de preconceito”, garante a terapeuta Lidia Aratangy, que espalha energia e alegria: “Quando eu digo que faço uma hora de balé clássico por dia, todo mundo se espanta. Eu me sinto desrespeitada por esse espanto.” E eu, Lidia, confesso, sinto inveja quando vejo tamanha flexibilidade e disposição, além da sua impecável postura ereta até quando senta.

> **“ESTA É A GERAÇÃO QUE REINVENTOU O MUNDO. SOMOS PRECEDENTES, NÃO EXCEÇÃO.**
>
> Lidia Aratangy, 74 anos, terapeuta de casais e escritora

“As jovens mulheres do mundo de hoje muitas vezes não reconhecem as conquistas da geração passada, que tem, então, toda razão em se sentir invisível”, lembra a psiquiatra e professora Carmita Abdo. “O mundo mudou profundamente nos últimos cinquenta anos. Se considerarmos de onde partimos e aonde chegamos, nos adaptando às mudanças e provocando outras, atravessamos as mais profundas transformações sociais que uma só geração viveu, seja no sexo, seja na profissão, seja no papel dentro da sociedade.” Dra. Carmita é mais um exemplo dessa geração dinâmica e transformadora. Mesmo com a agenda lotada, abriu rapidamente um espaço para a nossa conversa, que durou mais de duas horas. E foi uma lição de vida.

"As novas gerações encontraram o caminho mais aberto e desconhecem que nem sempre foi assim", continua Carmita Abdo. "Porque ainda não haviam nascido e habitualmente não valorizam a história, não têm a clara dimensão do quanto foi preciso brigar por isso. Antes, as mulheres disputavam com os homens o direito de alcançar uma posição: eu quero uma coisa que você tem e eu não tenho. Os jovens de hoje confrontam-se de outro jeito: partem do mesmo patamar, têm quase as mesmas oportunidades. Se uma sociedade não enxerga os maduros, sejam homens ou mulheres, não avalia que, depois dos 60, ainda se possa querer e fazer muito mais."

"O MUNDO AINDA ESTÁ BEM DESPREPARADO E ALGO SURPRESO EM RELAÇÃO À LONGEVIDADE. Carmita Abdo, 65 anos, psiquiatra, professora e pesquisadora da Faculdade de Medicina da USP

Confesso que não consigo ser tão compreensiva com as jovens que vão para as redes sociais dizer que não devem nada ao Feminismo. Devem tudo! Nesse ponto, a minha opinião é bem radical. Acho que são egocêntricas e alienadas. E demonstram uma chocante desinformação sobre o que é um processo de transformação da sociedade. Talvez seja por isso que haja tanto preconceito contra a maturidade.

Um exemplo gritante foi a patrulha sofrida pela atriz Betty Faria, que, aos 72 anos, foi à praia de biquíni, como sempre fez, sem o menor problema em mostrar as marcas do tempo no corpo, e exercendo a independência que sempre pautou suas atitudes ao longo da vida. Foi atacada nas redes sociais, chamada de velha, portanto com idade "imprópria" para o uso do biquíni. Mas ela honrou nossa geração de desobedientes e não ficou calada. Em entrevista à revista *Lola*, de maio de 2013, contra-atacou: "Então, querem que eu vá à praia de burca, que eu me esconda, que me envergonhe de ter envelhecido? Depois de tantas restrições alimentares, remédios para tomar, exercícios a fazer, vícios a evitar, todos próprios da idade, ainda preciso andar de burca? E o prazer, a alegria, meu humor?". Valeu, Betty!

"Todo mundo é avesso à velhice. É proibido envelhecer", diz a jornalista Regina Guerreiro, 74 anos, que sempre teve um olhar aguçado para comportamentos e tendências. Com a sabedoria da maturidade, garante: "Quando você envelhece, as portas do amor e do trabalho se fecham".

"A MATURIDADE É UM LUGAR SOLITÁRIO, SEMPRE. Regina Guerreiro, 74 anos, jornalista especializada em moda e tendências

Regina tem razão, já que a solidão é uma das consequências da invisibilidade. Mas não foi uma condição aceita pelas desobedientes dessa geração, assim como não foi aceita por ela. "Eu nunca serei a velhinha do estereótipo. Nunca fiquei dentro da regra, nunca fui assim. Então, não serei agora", garante Regina. "A cabeça não tem idade para envelhecer, ao contrário do corpo. É sorte ou genética ter uma boa pele, mas é na cabeça que está o que a gente construiu. Eu sou tudo que li, conheci, vivenciei, aprendi. As comidas que comi, as exposições que vi, as viagens que fiz, tudo isso compõe a bagagem que define quem eu sou na cabeça. Ter 74 anos é muito diferente de ser jovem. Quem não construiu uma pessoa especial por dentro, não sobrevive."

Para dar visibilidade a essa tribo diferenciada, precisei conhecer de perto a maneira como pensa, faz escolhas, se relaciona, ama, consome, se cuida. Seus problemas, seus sonhos, seu momento de vida, sua visão do futuro.

ENTRE CARICATURAS E PRECONCEITOS

Um dos maiores estranhamentos da geração que está fazendo a transição é com a maneira equivocada como é retratada na mídia em geral, seja nas novelas, seja na publicidade. Vem daí uma das principais razões para a sensação de invisibilidade tão unânime.

> **“A MULHER MADURA SÓ APARECE COMO CARICATURA. OU ELA É UMA VOVOZINHA REDUZIDA AO SACRIFÍCIO PELOS FILHOS, OU É UMA RIDÍCULA QUERENDO BANCAR A GAROTINHA, VESTINDO A ROUPA DA FILHA.** N., executiva, 59 anos

Para a maior parte delas, a invisibilidade na mídia chega a ser cômica, não fosse um retrato do preconceito. “Eu acho esquisito quando vejo reportagem no noticiário dizendo que uma idosa de 60 anos foi atropelada, por exemplo”, diz B., 65 anos, cabeleireira. “Eu não me sinto uma idosa. Malho todos os dias, caminho, danço, estou sempre bem arrumada. Eu trabalho com beleza, sou meu melhor cartão de visitas. Então, soa estranho. Ou seja, a mídia enxerga uma pessoa com 60, por melhor que ela esteja, apenas como uma velhinha." Velhinha é o último adjetivo que eu escolheria para definir B., que mais parece um vulcão de energia.

Entre dois extremos caricatos, a senhorinha de cabelo branco saltitante na poça d'água no anúncio do banco e a madura "periguete" usando a roupa da filha, personagem frequente nas novelas, essa mulher 50+, 60+ que dá empregos, produz riqueza, é empreendedora, ativa, independente, autônoma, líder, formadora de opinião, bonita, bem cuidada, sexy... se sente invisível.

> "A GENTE VÊ NAS NOVELAS ESSAS MULHERES MADURAS RIDÍCULAS, AGINDO COMO GAROTAS BOBINHAS, SENDO ENGANADAS POR HOMENS MAIS NOVOS.
> UM DESSERVIÇO.
>
> A., empresária, 58 anos

Não consigo imaginar nenhum homem, mais jovem ou não, enganando A., seja nos negócios, seja no amor. Exuberante, alta, morena de cabelos lisos e dona de um humor fino e cortante, sorri irônica ao criticar a maneira como aparecemos na comunicação de massa.

Mas é importante frisar: essa geração não critica de maneira alguma as escolhas dessas mulheres de serem o que bem quiserem, de usarem a roupa que bem entenderem, de não pintarem o cabelo, nem de saírem por aí pulando alegremente todas as poças d'água que surgirem pela frente. A liberdade foi a maior conquista dessa geração. Até a liberdade de cair na lábia do garotão. O que não se aceita é o reducionismo da representação, capaz de ver apenas essas duas caricaturas opostas.

Onde estão todas as outras?

A publicidade é outro campo minado. Só existem jovens ou velhos. Muitos jovens, pouquíssimos velhos caricatos. "Se a gente considerar o que se faz na propaganda, a mulher brasileira tem entre 25 e 35 anos. A madura não aparece nem como avó, porque buscam uma mulher de cabelos brancos em um país em que as mulheres não usam cabelos brancos. A caricatura ainda não evoluiu. Estamos invisíveis na comunicação", diz Lúcia Cucci, 58 anos, diretora de mídia da agência Tudo. Lúcia tem perfeito conhecimento de causa com a sua longa história na publicidade. Mesmo perto dos 60, é uma referência de visão moderna para os muitos colegas jovens que a cercam.

"Outro dia, vi um anúncio na televisão que mostrava um casal maduro fazendo compras no shopping, ambos com os cabelos brancos", conta D., 61 anos, administradora da empresa da família. "Parecia tão estranho para mim, não conseguia ver eu e meu marido naquele casal, embora ele já tenha cabelos grisalhos. Era uma postura totalmente diferente da nossa. Da minha, então, nem se fala!" Pequena e agitada, D. é interrompida a todo momento com algum problema para resolver na empresa, onde me recebeu para a entrevista. Parece que tudo vai parar se ela não estiver no comando. Nada que abale a sua segurança, o rosto sereno, a pele muito bem tratada, o cabelo louro impecável e a elegância clássica da calça reta e da camisa de seda.

“ACIMA DE 50, ELA NÃO SE VÊ MESMO. NÃO ESTÁ EM LUGAR NENHUM, NEM NAS ESTATÍSTICAS. AS PESQUISAS ESTABELECEM OS 50 COMO A IDADE DE CORTE. PARTEM DO PRINCÍPIO DE QUE, A PARTIR DAÍ, NADA VAI MUDAR MAIS, É TUDO A MESMA COISA. Ana Paula Cortat, 49 anos, *Chief Strategy Officer* da agência Pereira & O'Dell

Ana Paula está quase chegando aos 50 e tem tudo para vir a ser um membro de destaque da tribo de mulheres maduras especiais, com seus cabelos longos, batom vermelho e paixão transbordante pelo que faz. É uma mulher antenada e com uma visão moderna sobre o assunto, mas faz uma análise absolutamente realista do mercado como ele é. A publicidade, e o marketing em geral, parte do princípio de que todo mundo, não importa a idade, se projeta na imagem de alguém mais jovem. E, nesse meio, essa é uma verdade talhada em pedra.

"De maneira geral, a mídia desconhece quem são os diferentes grupos humanos porque as pesquisas são extremamente superficiais", complementa Christina Carvalho Pinto, 63 anos, presidente do Grupo Full Jazz de Comunicação. "A mídia tem interesse na divulgação de dados que atendam às demandas dos anunciantes e dos próprios veículos. Assim, vão poder vender no mercado, aos clientes, exatamente aquilo que eles procuram. No fundo, eu tenho grandes dúvidas sobre a qualidade e a profundidade de grande parte das pesquisas."

"AS PESQUISAS JÁ PARTEM DE PRINCÍPIOS MIDIÁTICOS QUE NÃO CASAM COM A MULHER MAIS MADURA. POR ISSO A IDADE DE CORTE É 50. Christina Carvalho Pinto, 63 anos, presidente do Grupo Full Jazz de Comunicação

"A publicidade ainda não sabe falar conosco. Suas mensagens são voltadas às jovens, que estão correndo atrás da beleza perfeita, do vestido matador, do sexo inflamado, do amor idealizado", diz L., 63 anos, ex-executiva de marketing e hoje consultora da área de moda. "Nós já passamos por toda essa ansiedade, não tem mais nenhum apelo. A mulher madura tem várias mulheres dentro dela que ainda querem vivenciar tudo que a vida moderna tem a oferecer. Só que a publicidade não sabe o que prometer para quem é experiente, objetiva e prática."

O corpo magrinho, os cabelos curtos e espetados, as roupas sempre combinadas de um modo original traduzem que L. não é uma mulher que se acomoda em um papel tradicional ou aceita mensagens convencionais.

"Às vezes, eu consigo me ver como uma pessoa mais jovem, mas não consigo me ver como uma mulher de 60, porque, pelo que a gente vê por aí, ter 60 é ser uma senhora", diz V., doceira, que já alcançou o marco das seis décadas. "Não aparece na comunicação uma pessoa de 60 que não seja uma velha. Não mostram quem eu sou." Dá para entender: nesse dia de verão tórrido em que conversamos, V. estava com camiseta de alças, rasteirinha e uma bermuda colada que deixava ver suas pernas perfeitamente torneadas por anos de corridas diárias e dezenas de maratonas pelo mundo. Quando se viu uma sessentona ser representada assim? Mas era exatamente como ela estava, maravilhosa, bem ali na minha frente.

"Na nossa idade só nos mostram para falar de saúde. A comunicação não passa nem perto desse segmento. Falando folcloricamente, temos apenas cara de Corega, de fralda geriátrica", continua Marlene Bregman, mais cáustica ainda.

"TRABALHAMOS A VIDA INTEIRA, TEMOS LICENÇA PARA GASTAR. MESMO COM A FORÇA DA EXPERIÊNCIA E DO DINHEIRO, CONTINUAMOS INVISÍVEIS.

Marlene Bregman, 72 anos, consultora de planejamento estratégico da agência Leo Burnett

"Todas as ofertas de produtos para a nossa idade são para resolver problemas de saúde ou locomoção, ou ofertas de descontos em farmácias, sem enxergar que, com o crescimento desse público, há um mundo de outras necessidades a serem atendidas que nada têm a ver com limitações", diz A., 68 anos, executiva de multinacional. "Para não dizer que é tudo doença, vendem cursos e faculdades para a Terceira Idade ou cruzeiros na baixa temporada. Aí, levam os idosos para o Caribe na época dos furacões."

"As marcas não acompanharam o amadurecimento da população. Sempre se disse que o Brasil é um país jovem. Isso era verdade quando eu e você éramos crianças, não é mais", diz Christina Carvalho Pinto. "Há um descaso com o amadurecimento demográfico do país. A segunda questão, que não é só aqui, mas global, é que vivemos em uma cultura de superficialidade, que gerou esse fenômeno do culto à juventude. O processo midiático superficial precisa ser rápido, sintético, abrangente. Precisa ser renovável em alta velocidade, *on time*. Nessa velocidade, não dá tempo de perceber se você é bela depois dos 30. Portanto, se eu quiser falar de modernidade, contemporaneidade, paixão pela vida, inovação, criatividade, todas essas palavras que estão presentes praticamente em todas as mídias, a simbologia mais rápida está no jovem, seja homem ou mulher."

“O BRASIL NÃO É MAIS UM PAÍS JOVEM, É UMA CULTURA CRIANÇA COM PESSOAS ENVELHECENDO, O QUE É COMPLETAMENTE DIFERENTE. NÃO PODEMOS MISTURAR AS DUAS COISAS.

Christina Carvalho Pinto, 63 anos, presidente do Grupo Full Jazz de Comunicação

Essa visão antiga vai caducar em um Brasil mais e mais maduro a cada década que olha para o futuro de um jeito novo. Não considerar que há nichos poderosos, referências diversas e ricas nuances no borrão da Terceira Idade será não enxergar incontáveis oportunidades. Aliás, hoje existem várias terceiras idades, várias quartas idades, várias quintas idades...

> "A MÍDIA JÁ CONSEGUE VER O GAY SEM SER COMO CARICATURA. DE OLHO NO PODER DA CLASSE C, JÁ CONSEGUE RETRATAR A EMPREGADA DOMÉSTICA SEM SER UMA CARICATURA. SÓ AS MULHERES MADURAS AINDA CONTINUAM CONFINADAS À CARICATURA. QUER SABER? MELHOR ASSIM. SE NINGUÉM NOS OLHAR, A GENTE FAZ O QUE QUER.
>
> I., 59 anos, advogada

"Vocês estão criando um ruído com a publicidade porque ela não inova nada", explica Ricardo Guimarães. "A publicidade não corre riscos. Ela reforça e tira proveito dos comportamentos já estabelecidos. Só vai mudar quando houver segurança. A coisa mais conservadora que existe na sociedade é a publicidade. Essas mulheres que você está pesquisando estão fazendo uma crítica: 'Eu não combino com a idade que vocês estão falando'. Então, tem que haver uma nova linguagem que expresse essa nova verdade. Senão, vão continuar invisíveis mesmo. Não basta dizer o que você não é, tem que dizer o que você é, mudar os valores da sociedade."

> "AS COISAS NÃO SÃO MAIS COMO ERAM E DAVAM SEGURANÇA E AINDA NÃO SÃO COMO SERÃO. QUALQUER FOTO NESSE MOMENTO DE TRANSIÇÃO VAI MOSTRAR MULHERES EXPERIMENTANDO UMA NOVA IDADE, AINDA ENTRE LAGARTA E BORBOLETA, BUSCANDO NOVOS RECURSOS E CRIANDO NOVOS VALORES. O BONITO DESSE PROCESSO É QUE OS ESTEREÓTIPOS VÃO SENDO DESTRUÍDOS. Ricardo Guimarães, 66 anos, empresário e consultor de *branding* na Thymus

“Quando fazemos uma foto no meio de um processo em transição, vemos que essas mulheres são ao mesmo tempo vítimas e heroínas”, diz Ricardo Guimarães. “São vítimas quando negam e reagem ao que a sociedade impõe e são heroínas quando reagem e propõem. Não existe a sociedade de um lado e elas do outro. Elas são a sociedade. Estamos todos juntos.”

Ana Paula Cortat também confirma que o marketing só quer pisar em terreno seguro. Mas levanta uma sábia inquietação: nesse período de transição em que estamos vivendo, não há terreno seguro. Não dá mais para ter um conjunto de crenças imutáveis e verdades estabelecidas em um mundo em transição.

“TEMOS QUE QUEBRAR ESSES PARADIGMAS. TUDO ESTÁ MUDANDO, O NEGÓCIO DA COMUNICAÇÃO TAMBÉM.

TEMOS QUE SAIR DE UM OLHAR LINEAR SOBRE O MUNDO, QUE BUSCA A CONCORDÂNCIA DA MAIORIA, PARA ENXERGAR A SUTILEZA E O DETALHE. MAS DEMORA. TALVEZ PRECISE AINDA DE UMA MUDANÇA GERACIONAL.

Ana Paula Cortat, 49 anos, *Chief Strategy Officer* da agência Pereira & O'Dell

“Muitas oportunidades estão sendo perdidas em função desse rolo compressor”, diz Christina Carvalho Pinto. “Por falta de interesse ou clareza, não se enxerga o cenário com mais profundidade, então sobressaem as simbologias. Ao invés de procurar entender a mulher madura, é mais fácil incutir na cabeça dela que, com um jeans e um tênis, parecerá uma mulher de 30.”

Algumas impressões que colhi nas entrevistas vão em outra direção. Muitas mulheres não estão comprando mais esse discurso. Consideram que achar que querem parecer 30 não é falar com elas. E Christina concorda, embora acredite – e critique – que não podemos desconsiderar que a demanda da mídia é forte e muitas mulheres acabam engolindo uma comunicação que nada tem a ver com elas. “Uma demanda que foge do que seria a verdadeira beleza da idade, o encanto, as características, o pensamento, a visão de mundo, a riqueza de uma experiência vivida. Não é do interesse da mídia no geral e de grande parte de seus financiadores. É um fenômeno instalado. E as mulheres acabam minimizando a grandiosidade de sua verdadeira idade para parecer aquilo que a mídia está impondo. Existe um índice de vulnerabilidade, quando você chega na frente do espelho aos 63 anos e diz: ‘Puxa, essa não sou mais eu, não sou mais aquela menina’. Eu deveria olhar e dizer: ‘Que interessante agora, sou eu em nova configuração, sou muito mais do que aquela menina’. Mas não somos educadas para sentir isso.”

> NÃO ESTAMOS TENTANDO PARECER GAROTAS DE 20 ANOS, MAS PRECISAMOS PERSCRUTAR MAIS PROFUNDAMENTE ESSE ROLO COMPRESSOR DA MÍDIA SOBRE NÓS, 24 HORAS POR DIA. SE, LÁ NO FUNDO, NÃO AFETA A AUTOESTIMA

Christina Carvalho Pinto, 63 anos, presidente do Grupo Full Jazz de Comunicação

Outro erro frequente de abordagem é a tentativa de criar guetos. Essa geração não admite guetos ou qualquer tipo de segregação. Passou a vida lutando contra isso. "Outro dia vi uma publicidade sobre uma academia de ginástica para a Terceira Idade. E o que é pior, apelando para essa bobagem de 'melhor idade'. Na hora pensei: 'Isso é preconceito'", diz A., 68 anos, executiva de multinacional. "Por que não posso fazer exercícios em uma academia normal, no meio de pessoas de todas as idades? Será que os mais jovens não querem ver nossos corpos? É claro que nunca vou pôr meus pés lá."

> EU FUJO DOS GUETOS. TEMOS QUE INTERAGIR COM TODAS AS IDADES. MAS A ECONOMIA SÓ PENSA NOS JOVENS. NADA MAIS ANTIGO EM UMA SOCIEDADE QUE SE DIZ MODERNA. J., 68 anos, socióloga, professora universitária e coordenadora de pós-graduação

"É muito difícil que a mídia aberta e massiva fale diretamente com essa mulher madura, diferenciada. A visão estereotipada vai prevalecer", analisa Christina Carvalho Pinto. "E existem razões profundas para a mídia preferir os estereótipos. O ser humano reduzido ao estereótipo (ou seja, ao não ser), anestesiado, descolado de sua verdade mais intrínseca, mais ansioso e depressivo, certamente responde melhor às demandas consumistas. Então, enquanto a mídia for financiada com finalidade de consumo, de propagação de hábitos, não estará interessada naqueles que se conhecem e se gostam mais profundamente. Pessoas que se conhecem e se gostam são mais livres para ser e voar e, em geral, consomem menos."

O blog www.asmeninasonline.com.br, criado pela jornalista Doris Bicudo, 55 anos, duas netas gêmeas e um par de fascinantes olhos verdes, reúne um grupo de mulheres maduras, destaque de suas áreas e cheias de experiências interessantes para trocar. Surgiu, não como uma bandeira, mas como uma resposta bem-humorada à invasão das blogueiras jovens que pontuam sobre tudo. "É um site opinativo", explica Doris, "no qual mulheres como a jornalista Sonia Racy, a atriz Maitê

Proença, a empresária da moda Lenny Niemeyer, a cientista Lygia da Veiga Pereira, a decoradora Esther Giobbi, a cantora Marina e a apresentadora Eliana, a caçula, entre outras, dizem o que gostam, o que detestam e o que recomendam sobre os mais diversos temas. Mostram o valor da nossa quilometragem."

> "AS PLATAFORMAS DIGITAIS E AS REDES SOCIAIS ESTÃO MAIS ABERTAS A NOVOS SEGMENTOS E CONTEÚDOS INOVADORES E NOS TRANSFORMAM EM MEIO DE EXPRESSÃO. CADA UM DE NÓS É UMA MÍDIA, PÚBLICA E UNIVERSAL. CADA VEZ QUE A GENTE CONVERSA, VIRA MÍDIA. Christina Carvalho Pinto, 63 anos, presidente do Grupo Full Jazz de Comunicação

A ineficiência da noção de gueto, tão enraizada, fica mais clara ainda quando consideramos a pulverização da comunicação. Na era das plataformas móveis, ninguém mais está em guetos. Essa mulher madura que está revolucionando o envelhecimento não está mais sentada no sofá vendo a novela, sendo impactada passivamente pela publicidade, como antigamente. Para se comunicar com ela, é necessário estar nos mesmos canais usados para falar com os jovens, o ambiente digital, aquele que pode ser acessado a qualquer momento e em qualquer lugar. Está plugadíssima, *mobile* total, é ela quem decide. Mas não é o que acontece. A visão geral ainda é a antiga.

Vai perder dinheiro quem não reconhecer as mudanças de comportamento e identificar os novos nichos. Quem não souber falar com segmentos maduros cada vez mais definidos, muito diferentes entre si. Vai perder dinheiro quem não enxergar a sutileza e o detalhe, e não souber atender às necessidades específicas de cada segmento.

A geração de mulheres que está fazendo a passagem, um dos nichos mais poderosos nesse imenso borrão da Terceira Idade, precisa conquistar visibilidade porque tem dinheiro no bolso, independência de opinião, capacidade de influenciar o seu meio e um indomável espírito transformador, capaz de mudar os valores da sociedade. Quem entender como ela pensa, age, faz escolhas e olha para o futuro estará à frente da concorrência.

Por isso, mergulhei nessa pesquisa qualitativa que chegou a sete perfis que representam milhares, talvez milhões de mulheres dessa geração. Nelas está a nova linguagem. Saber quem são será um decodificador fundamental para entender o momento em que vivemos.

A mudança geracional já está em curso.

OS SETE PERFIS DA NOVA MULHER MADURA

Foram cerca de cem horas de gravação em mais de cinquenta entrevistas, em quatro regiões do Brasil – Nordeste, Centro-Oeste, Sudeste e Sul. Trinta e quatro das entrevistadas, todas destaques em suas áreas de atuação, representaram a base da pesquisa qualitativa que determinou os sete tipos que representam a geração 50+, 60+ que está reinventando o envelhecimento e criando um novo sentido para a maturidade. Percorremos os mais variados aspectos de suas vidas, como a relação com a idade, a carreira, a família, a vida amorosa e sexual, a moda, a saúde, a beleza, a tecnologia, o papel de avó, o dinheiro, o consumo e os planos para o futuro. Para completar os perfis, foi fundamental também ouvir especialistas que as circundam, como médicos, psicanalistas, consultores de carreira, expoentes da mídia, da moda e da beleza, além de mulheres que são ícones dessa tribo revolucionária.

Trabalhar na construção desses perfis foi uma das partes mais desafiadoras do projeto. Como jornalista, não tenho as habilidades de uma especialista em pesquisa, nem posso eticamente me colocar como tal. Por isso, fiz uma parceria com a Club de Pesquisa, empresa com 38 anos de experiência, liderada por duas craques no assunto: Regina Sales, 72 anos, socióloga, e Emira Kezh, 63 anos, publicitária, perfeitos exemplos dessa nova mulher madura, ativa e independente retratada aqui. Como eu, as duas são apaixonadas pelos mistérios da alma humana, e dedicamos a nossa vida a essa viagem, eu como diretora de revistas femininas, elas como pesquisadoras de mercado.

"Mergulhei no mundo da pesquisa ainda estudante de sociologia", conta Regina. "Carioca, sou a quinta de sete irmãos de uma família pernambucana que sempre esteve à frente de seu tempo. Apesar de ter sido criada em um colégio tradicional, fui direto para o caldeirão que era a PUC nos anos 60. O mundo se abriu para mim como uma explosão de fogos. Vivi todas as mudanças e os questionamentos da época, e a pesquisa de mercado me permitiu conhecer a realidade das favelas, das escolas públicas, das comunidades agrárias. Depois de tantos anos, continuo a pleno vapor à frente da Club de Pesquisa, viajando por este país imenso, conhecendo pessoas e lugares que ainda me surpreendem. Sou casada há 40 anos, tenho uma filha, um neto e mais dois a caminho. Participar deste projeto teve um gostinho especial porque faço parte desse grupo, uma amostra que raramente é visitada pelo mundo da mídia e da pesquisa. Mulheres que, certamente, estão transmitindo uma nova forma de viver. Como elas, também estou tentando equilibrar esse cabo de guerra que existe entre as limitações do corpo e a vitalidade da cabeça para continuar ativa no mundo da comunicação, que está sendo comandado por gente jovem. Vencer esse desafio me faz a cada dia mais forte."

"Quando recebi a proposta para participar deste trabalho, meu entusiasmo foi imediato", diz Emira. "A principal razão foi o orgulho que sinto de pertencer a essa geração. E, em seguida, pela chance de colaborar para tornar visíveis essas consumidoras tão importantes para a economia. Mesmo sendo pesquisadora de longa data, raríssimas vezes tive a chance de ouvir o segmento acima de 50 anos. E encaro como uma homenagem às veteranas. Eu, Regina e outras mulheres maduras, que ainda estão em atividade plena, participamos das últimas eleições percorrendo estradas de terra, ficando em hotéis precários, horas sem dormir, mudando de cidade a cada três dias para entender como se forma a opinião do eleitor país afora, sem perder o pique. A nossa experiência foi fundamental para o bom resultado do trabalho. A cada novo projeto, minha animação é imensa, igual a como sempre foi. E vejo que as jovens estão de olho em nós. Minha sobrinha, que tem 20 anos, me disse outro dia: 'Você me deixa confusa. Conversamos como se tivéssemos a mesma idade. Sua casa é tão moderna que as minhas amigas dizem que querem ter uma igual. Sua pele tem menos rugas que a de uma mulher de 45 anos, mas você tem idade para ser minha avó!'. É claro que fico feliz em ouvir isso. Então, vamos em frente."

A tarefa foi ainda mais fascinante diante do deserto de pesquisas sobre o público acima de 50 anos, como ficou claro no início do livro, quando nossas entrevistadas falaram de seu sentimento de invisibilidade, confirmado pelos especialistas em mídia. Foram deliciosas tardes debruçadas sobre a elaboração do questionário e, depois, na análise dos depoimentos dessas 34 mulheres especiais que tão generosamente partilharam sua intimidade e não fizeram segredo de seus anseios, conquistas, medos, desafios, alegrias e sonhos. Por respeito ao protocolo de pesquisa, tiveram garantido o sigilo de suas identidades. Por isso, essas entrevistadas são identificadas no livro apenas pela inicial de seus nomes.

Nos sete perfis que representam essa geração, conseguimos captar os pontos específicos, as diferenças e as semelhanças, em busca da essência que as define. O que norteou suas decisões importantes, os tropeços e as reconquistas, as escolhas que mudaram o rumo e abriram novos caminhos. Impossível não se encontrar em um deles, retratos tão familiares. Fiquei tão envolvida com os perfis que acabei resgatando a minha porção desenhista, há tanto tempo adormecida, e ousei fazer as ilustrações que trouxeram à vida essas sete mulheres revolucionárias, com o máximo de fidelidade, do cabelo ao sapato, da postura às cores das roupas. Parece um pequeno detalhe, mas até a escolha da bolsa traduz quem são.

Mesmo quando nos identificamos prioritariamente com uma delas, também é possível se ver um pouquinho nas outras, como uma grande tribo unida que se reconhece e se vê representada. Minha filha, ao ler os perfis, decretou imediatamente que eu era a Comandante, mas também consigo me ver nos deliciosos exageros da Exuberante e na determinação focada da Formiga. Mas consegui enxergar em todas um pouco da resiliência que tão bem define a Fênix. Todas as mulheres, famosas ou não, que entrevistei depois – já são mais de 50 – podiam ser enquadradas imediatamente em um deles, o que só confirma a exatidão desse mosaico. Em todas as apresentações que já fiz da pesquisa, virou uma grande farra das mulheres da audiência descobrir qual dos retratos as define melhor, como em um jogo irresistível.

A REALIZADORA

Empreendedora, ambiciosa, comanda uma grande corporação. Pode ser a herdeira que multiplicou o legado, ou a pessoa que construiu tudo do zero. Despende tempo, esforço e dedicação atrás das metas que estabelece para todos. Se antecipa ao futuro e, nesse momento da vida, sua maior preocupação é com a sucessão, a perpetuação do que construiu. Ainda está com o controle absoluto, e não tem planos imediatos de deixar o comando, mas não tolera a ideia de tudo se perder por não ter preparado a própria saída. Precisa do suporte do afeto e valoriza a família, um ponto de equilíbrio fundamental. Quando, por alguma razão, essa estrutura falha, encontra todo apoio na rede de amigos. É provedora, tanto econômica como emocionalmente. Desafio é o alimento, não se imagina sem ser produtiva e ter um projeto para desenvolver. Reconhece que vaidade é importante, mas não coloca entre as prioridades. Vai com frequência ao cabeleireiro, mas escolhe um corte prático que possa arrumar sozinha. Faz escolhas sóbrias e clássicas, gosta de saias básicas, calças de alfaiataria e *blazers*. Se cuida muito para estar bem e saudável.

CARACTERÍSTICAS ESSENCIAIS:

visionária, empreendedora,
tem na família o eixo fundamental

A EXUBERANTE

É a alegria em todos os ambientes em que circula. Sua entrada é sempre triunfal. Cabelão, bocão vermelho, aquela risada gostosa que contamina. Está sempre se movimentando para que o presente seja melhor do que o passado e o futuro melhor do que o presente. Ambiciosa, empreendedora, dedica-se com afinco ao sucesso profissional, mas é a vida afetiva que a faz se sentir jovem. Não teme recomeços e não se mantém em uma relação que não está feliz. Troca de companheiro, mas mantém os vínculos do passado. É a típica mulher que continua amiga do ex-marido, da ex-sogra, dos ex-cunhados. Ela sempre soma todo mundo em uma nova grande família. Vaidosa, lança mão de todos os recursos da dermatologia, inclusive de cirurgias plásticas, para se sentir bonita e atraente. Luta para refletir na aparência toda a vitalidade e o vigor da juventude que tem por dentro. Mas peca na indisciplina: come mais do que deve e briga com a balança, compra mais do que precisa, embora sem nunca gastar mais do que tem. É a líder do grupo de amigos, tem vida social intensa, sempre vê todas as peças em cartaz, conhece o mais novo restaurante badalado da cidade e o drinque que virou o *hit* da Semana de Moda de Milão.

CARACTERÍSTICAS ESSENCIAIS:

gregária, vaidosa, impulsiva, espalha alegria por onde passa

gregária
impulsiva
vaidosa
alegre

A DESBRAVADORA

Com qualificação de ponta, ela conseguiu chegar ao topo de uma grande corporação tradicional, aquela típica empresa construída sob valores masculinos. Venceu nesse reduto difícil porque soube transitar com a habilidade conferida pela altíssima competência técnica, e sem nunca ter aberto mão da feminilidade. Com vestidos delicados, saltos bem altos e voz suave, galgou todos os degraus e conquistou o respeito de seus pares homens, sempre em maioria. Segura e autocentrada, independente e disciplinada, não posterga objetivos em nenhuma área da vida. Estabelece metas passo a passo e se prepara para o futuro, com tranquilidade e determinação. Sabe que precisa planejar a próxima etapa da carreira por causa da idade, mas vai fazer isso com calma, já que se preparou financeiramente para esse momento. Adora a família, filhos e netos, mas suas prioridades pessoais estão em primeiro lugar. Valoriza o casamento, mas não vai deixar de viver uma aventura, se isso a fizer se sentir viva.

CARACTERÍSTICAS ESSENCIAIS:

determinada, vitoriosa, segura de si, sem perder a suavidade

suave
segura
determinada
vitoriosa

A FORMIGA

Vem de uma família humilde, mas reescreveu sua história com muito estudo e disciplina. Os pais, apesar da vida difícil, foram os maiores incentivadores da educação como ferramenta de mudança e investiram nisso para os filhos. Profissional bem-sucedida, alcançou uma posição de sucesso e uma renda confortável. Mas é muito austera consigo mesma. Trabalha duro, junta dinheiro obsessivamente, faz investimentos conservadores e se prepara para o futuro de um jeito bem diferente do que os pais fizeram. Detesta supérfluos e ostentação. Não se impressiona com grifes e não é consumista. Seu luxo é ser extremamente cuidadosa com o corpo, a alimentação e a saúde. Faz exercícios diariamente e escolhe um corte de cabelo prático que possa secar naturalmente, enquanto vai da academia para o escritório, onde é sempre a primeira a chegar. Veste-se com sobriedade, tem poucas peças, mas sempre muito boas. Considera que qualidade e durabilidade são formas de economizar. Controlada, não cede a excessos, exceto quando está fora do Brasil, seu momento cigarra, quando se permite alguns prazeres mundanos. Sonha com o momento em que será apenas cigarra, mas sempre posterga a decisão. Será que algum dia ela vai deixar de ser tão rigorosa consigo mesma e assumir a leveza da cigarra?

CARACTERÍSTICAS ESSENCIAIS:

disciplinada, austera, pragmática, planeja um futuro com mais prazer

pragmática
austera
disciplinada

A EQUILIBRISTA

Executiva de sucesso, foi demitida ao chegar aos 60 anos. Apesar da posição de destaque e do bom salário, por razões familiares que demandaram muitos recursos, não conseguiu se prevenir financeiramente para garantir uma maturidade confortável. Nesse momento, equilibra-se na corda bamba. Procura novas oportunidades de receita, experimenta, erra, acerta. Mas também encontra conforto na rede de amigos e procura reforçar a vida espiritual, uma fonte de equilíbrio. Quem olha para ela não vê uma pessoa fragilizada. No alto dos saltos, sabe dar vida nova às roupas do tempo de executiva com acessórios de efeito. Está sempre muito bem vestida e chique. Não deixa transparecer publicamente nenhuma insegurança diante do momento desafiador. Tem consciência de que o preconceito é grande e, se aparecer diante do mercado com outra postura, suas chances de recolocação, mesmo como autônoma, diminuem. Na verdade, nem de longe se sente fracassada. A força que demonstra é verdadeira. Encara a dificuldade como uma circunstância temporária. Concentra-se em simplificar a vida e tenta praticar o desapego. Por isso, olha sem medo para o futuro. Tem certeza de que vai dar a volta por cima.

CARACTERÍSTICAS ESSENCIAIS:

lutadora, otimista, tem força de vontade e não desiste nunca

A FÊNIX

Coragem é a palavra que a define. De família simples, estudou, se formou com destaque, entrou na vida acadêmica, militou na política contra a ditadura e nas organizações de mulheres. Tem mestrado, doutorado e é intelectual respeitada. Mas passou por perdas financeiras dramáticas. Foi-se embora a poupança, a casa própria, a segurança e a saúde. Sem falar no divórcio litigioso que a deixou criando os filhos sozinha. Batalhadora, foi reorganizando a vida, recompôs as finanças e cuidou da saúde. Saiu do aluguel e recuperou a casa. Formou os filhos, seu maior orgulho. Renasceu com força total e valoriza muito a reconquista, sobretudo a da autoestima. Se sente hoje uma fortaleza, seja na vida pessoal, seja na profissional. Por isso, começa a desacelerar para curtir com liberdade e conforto financeiro tudo que teve que abdicar na fase difícil. Voltou a ser a pessoa alegre e agregadora de antes. Quer mais tempo para si mesma, a família, os amigos, resgatar atividades prazerosas, escrever livros, viajar... Está louca para deixar as roupas sérias de professora pelas rasteirinhas. Nessa nova vida, encontrou o amor e resgatou uma sexualidade na maturidade que nem imaginava mais que iria experimentar. Está vivendo um momento muito bom.

CARACTERÍSTICAS ESSENCIAIS:

resiliente, forte, corajosa, com capacidade de reinvenção

resiliente
forte
corajosa

A COMANDANTE

Ela é a fortaleza que protege, é o esteio emocional a que todos recorrem em qualquer dificuldade. Dirige as finanças da família, toma as decisões importantes, assume as responsabilidades e agrega todos à sua volta. Generosa, mas controladora, dá conselhos e ajuda financeira, paga a faculdade dos sobrinhos e sustenta os pais. Trabalha muito, tem uma sólida carreira profissional, é a incentivadora oculta do sucesso do marido. Dá um empurrãozinho na carreira dos filhos, dos irmãos, dos sobrinhos, cuida dos sogros com necessidades especiais. Tem certeza de que, se faltar, a família desmorona. E desmorona mesmo, já que ela é a pessoa que dá sentido a esse grupo. Carrega o mundo nas costas, mas não transparece nenhum cansaço. Está sempre a mil por hora, bem-humorada e disponível. Tem tempo para tudo e todos. Só relaxa quando vai ao cabeleireiro. É vaidosa, de gosto refinado, adora grifes famosas e joias poderosas. Assim como é generosa com aqueles que ama, é também consigo mesma e consome sem culpa. Considera a autoindulgência uma conquista mais que merecida.

CARACTERÍSTICAS ESSENCIAIS:

protetora, generosa, incansável, onipresente

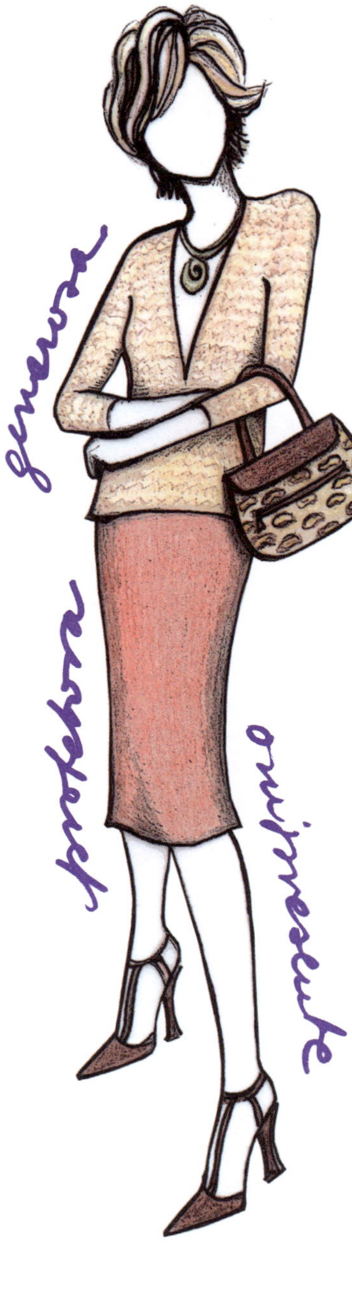
generosa
protetora
onipresente

Encontrei essas sete mulheres, que podem ser 7 milhões, em todos os lugares, de São Paulo a Recife, do Rio de Janeiro a Cuiabá, de Aracaju a Porto Alegre, de Salvador a Campinas, da Cidade do México a Sydney, na Austrália. Brasileiras valentes, formiguinhas laboriosas, empreendedoras de todos os tamanhos, estão nas escolas, nos hospitais, nas indústrias, nas lojas, nos serviços, nas universidades, na política e nos palcos. São advogadas, sociólogas, psicólogas, médicas, professoras, engenheiras. São empresárias, executivas, artistas, jornalistas, publicitárias, escritoras. São, acima de tudo, independentes e revolucionárias.

Venham comigo conhecer em detalhes cada aspecto de suas vidas, até hoje, e como enxergam os desafios do futuro (ainda longo) que têm pela frente.

“EU JÁ NÃO SOU O QUE ERA: DEVO SER O QUE ME TORNEI.

Coco Chanel (1883-1971), estilista francesa

A REINVENÇÃO DA CARREIRA

Carreira sempre foi a espinha dorsal da mulher dessa geração. Primeiro porque, lá atrás, quando entrou no mercado de trabalho, era uma verdadeira guerra. Armada de ombreiras, cabelos de *Rei Leão* e atitudes masculinas, abriu espaço, ganhou dinheiro, independência e realização. No caminho para a vitória, nunca verteu uma lágrima, nem de alegria. Naquela época, lágrimas eram para "mulherzinhas" e fracos.

Outro aprendizado duríssimo foi lidar com a culpa de ter filho e trabalhar fora, um dilema que até hoje ainda assombra as profissionais, embora muitas empresas estejam lidando melhor com a maternidade de suas funcionárias. "Quando fiquei grávida, me trancava no banheiro para chorar porque não tinha coragem de contar para meu chefe", conta R., 60 anos, executiva. "Ele não tinha nenhuma preocupação de esconder que preferia funcionários homens. Sabia que, a partir daí, para não andar para trás e voltar a crescer profissionalmente, teria que procurar outro lugar." E foi o que R. fez para chegar na posição que tem hoje.

Morena de cabelos cacheados, terninho vermelho bem cortado e saltos bem altos para compensar a pouca altura, demonstra total segurança do seu valor.

"Tinha a sensação de que falhava em todos os lados. Naquela época, nós éramos as piores carrascas de nós mesmas, obcecadas em perseguir a perfeição como mãe, como dona de casa, como mulher, como profissional", lembra N., 61 anos, executiva, atualmente muito mais relaxada e feliz, sentimentos que o vestido de estampa vibrante e colorida e o sorriso escancarado traduzem.

> “FUI VIVENDO UM DIA DEPOIS DO OUTRO, APRENDENDO A LIDAR COM MAIS LEVEZA COM AS DIFICULDADES. SÓ NUNCA PENSEI EM VOLTAR PARA CASA. HOJE, MEU FILHO ESTÁ CRIADO, FUI MUITO BEM-SUCEDIDA NA CARREIRA, MEU CASAMENTO SOBREVIVEU E TUDO SE AJEITOU. INCRÍVEL COMO PASSOU DEPRESSA.
>
> N., 61 anos, executiva

“Meu primeiro filho sofreu mais porque pegou a minha transição de mãe que ficava em casa para mulher empreendedora”, conta S., 54 anos, educadora e empresária. “Mas o segundo não, porque já nasceu com essa nova situação estabelecida. Isso não significa que eu não sentisse culpa, porque fui educada em um modelo tradicional.”

No caminho de ascensão, a mulher dessa geração foi equilibrando a dupla, tripla jornada e estudou, fez pós-graduação, especializações, MBAs, ampliou seus conhecimentos de gestão e se alfabetizou em tecnologia. É uma mulher de altíssima qualificação, mais bem informada que a média, acompanha tudo que acontece no mundo e conhece todas as inovações da sua área.

Estar à frente de seu tempo sempre foi tão natural como respirar.

“NA MATURIDADE, ESTAMOS NO AUGE DA FERTILIDADE MENTAL. QUANDO EU TINHA 30 ANOS, ACHAVA QUE TINHA QUE SER A PRESIDENTE DA EMPRESA. TERIA SIDO UM DESASTRE. NÃO TINHA A EXPERIÊNCIA NECESSÁRIA. Sonia Hess, 58 anos, presidente da Dudalina e do LIDE Mulher, Grupo de Líderes Empresariais

A capacidade de olhar para si mesma sem soberba é uma das características mais fortes de uma verdadeira líder, como demonstra a colocação tão franca de Sonia Hess, uma das mais destacadas empresárias do país que, junto a Chieko Aoki e Luiza Helena Trajano, forma o triunvirato de gurus para todas as mulheres que querem empreender e ser bem-sucedidas no Brasil. Conversar com ela é uma aula de determinação. É até engraçado quando estamos juntas, eu baixinha e Sonia altíssima, mas nada que interfira no nosso entendimento fraterno dos valores femininos essenciais.

Depois de tantas barreiras derrubadas, lá se vão 30, 40 anos, e o mundo é outro. Dá para ser feminina no trabalho, sem perder a autoridade. Dá até para chorar. Em alguns lugares. Ao contrário de antes, qualidades femininas estão em alta no mundo da diversidade, porque as mulheres são craques em negociar, se colocar no lugar do outro, mediar conflitos, agregar e enxergar os meios-tons, além do preto e branco. As mulheres, além de multitarefas, conseguem ver o mundo de forma mais horizontal, considerando a maneira como se entrelaçam as necessidades da preservação da natureza com a educação dos filhos, ou a noção de compaixão pelo outro com as leis da economia. Tudo junto e misturado, para nós, é normal. E, na maturidade, essa compreensão se expande e ganha ainda mais sentido.

E agora? O que vai acontecer nos próximos 30 anos? Temos que ver a cada fase qual é de fato a nossa força, o que é desejo e o que é possibilidade. Montando essa equação, podemos fazer planos e novos projetos. E, talvez, continuar a ser desobedientes. Nesse sentido, o espírito não mudou.

> AS MULHERES EXPERIENTES DO MUNDO DE HOJE SÃO MUITO MAIS CORAJOSAS, TÊM O ÍMPETO DE MUDAR, DE FAZER COISAS QUE NÃO SÃO O QUE DEVERIA ACONTECER. O HOMEM DA NOSSA IDADE TEM UM POSICIONAMENTO MAIS DENTRO DAS REGRAS. EU PRECISO FAZER DO MEU JEITO. NÃO POSSO ACEITAR UMA REGRA SIMPLESMENTE PORQUE É ASSIM QUE SE ESPERA QUE EU FAÇA, QUE EU SEJA, OU QUE EU ME CONDUZA. OS LIMITES INCOMODAM, NOS DIMINUEM. J., 57 anos, empresária

"Nessa fase, estamos completando um novo ciclo. A gente muda o tempo todo", diz Chieko Aoki, 66 anos, fundadora e presidente da rede Blue Tree Hotels, com a sabedoria de quem reúne a cultura brasileira e a oriental, da família japonesa. O fato de ser *mignon*, ter voz suave e gestos delicados não esconde que estamos diante de uma verdadeira força da natureza. "É nossa obrigação mudar. Não pensamos hoje como quando éramos crianças, ou jovens na universidade ou depois, no início da vida profissional. A mudança é natural, as coisas são como são. Tudo tem seu momento."

A maior pressão está nas grandes corporações, que não gostam de pessoas com mais de 60 anos, mulheres e homens. E o preconceito é palpável, evidente. Aquelas que escolheram ser empresárias ou profissionais liberais têm mais liberdade para pensar o futuro com calma, sem a guilhotina no pescoço. Assim como certas funcionárias públicas que não têm data limite para parar.

Percebe-se um sentimento muito diferente entre esses dois grupos. As executivas que estão sendo marginalizadas, embora ainda reúnam todas as competências, mais a vantagem da experiência, sentem-se desvalorizadas apenas pelo fator idade, sem nenhuma razão objetiva ligada a desempenho.

"Eu trabalho em uma empresa americana e sei como funciona essa questão de preconceito lá fora", diz F., 65 anos, vice-presidente. "Lá também existe, mas as regras são claras. Você já sabe o que e quando vai acontecer. No Brasil, o preconceito é velado. Depois dos 60, a empresa começa a restringir seu progresso e faz parecer como se você não tivesse mais competência. A principal diferença é que nos Estados Unidos você sai por cima, bem visto, com um conhecimento de alto valor no mercado e muitas oportunidades de trabalho como autônomo. Aqui não, sai com a pecha de 'antigo', de ultrapassado. Ou seja, no Brasil a experiência não é valorizada."

"Na vida profissional há, sim, um grande preconceito contra as mulheres maduras, sobretudo nas grandes corporações repletas de jovens arrogantes", diz L., 58 anos, executiva. "Esse desprendimento da juventude está supervalorizado e a experiência vai ficando para trás, está valendo muito menos. Isso faz com que tudo fique mais raso. A experiência é que dá segurança a uma empresa, permite a sua continuidade, constrói a sua história. A saída para a mulher madura é ter seu próprio negócio. Porque chega uma hora em que a gente não aguenta mais a mediocridade que se apossou das empresas."

"O PRECONCEITO É IMENSO, SOBRETUDO NAS GERÊNCIAS MÉDIAS E ENTRE OS JOVENS. PROMOÇÃO, ENTÃO, NEM PENSAR! DEPOIS DOS 50, TODAS AS OPORTUNIDADES QUE SURGIRAM FORAM PARA MOVIMENTOS LATERAIS, NUNCA SUPERIORES. RECEBI O RÓTULO DE *KEY CONTRIBUTOR* E PAREI DE SUBIR NO ORGANOGRAMA. A., 68 anos, executiva de multinacional

"Dependendo da carreira e da profissão, pode haver preconceito, sim", confirma C., 58 anos, especialista em aconselhamento profissional e recolocação de executivos. "Em uma profissão de especialista, há menos preconceito contra a mulher madura. Consultores com mais idade são mais experientes e, portanto, mais valorizados. Mas, nas profissões generalistas, como uma gerente de marketing de 40 anos, ela já está sendo considerada velha. Pessoas que estão em funções operacionais há muito tempo são trocadas pela empresa por outro profissional pela metade do preço."

Mesmo no mundo da arte, o preconceito aparece, como descreve M., 70 anos, pintora e artista plástica. "O talento é o último item a ser valorizado depois de uma certa idade. Isso só não acontece se o artista chegar já famoso a essa fase da vida."

Diante de situações como essas, é preciso analisar diversos fatores, internos e externos, porque há aqueles que podemos controlar e os que vão acontecer independentemente da nossa vontade. "Primeiro, precisamos ver se queremos de fato continuar na empresa", diz Christina Carvalho Pinto. "Talvez não seja mais o que eu quero, mas não me diga que não sirvo mais. A exclusão gera um desconforto, não é boa para ninguém. Nenhum ser humano gosta da sensação, mesmo que subliminar, de se sentir excluído."

"É PRECISO TOMAR CUIDADO COM O PRECONCEITO QUE PARTE DA GENTE, QUE ESTÁ DENTRO DE NÓS. Luiza Helena Trajano, 63 anos, presidente do Magazine Luiza

“Quando comecei a crescer e vim para São Paulo, eu era uma mulher do interior e só havia homens no meu meio”, conta Luiza Helena. “Mas nunca senti preconceito, porque ele não estava em mim. Pensava: ‘Logo eles vão me entender’. Além disso, fui criada em um ambiente profissional em que nunca houve limites de idade, nem para entrar nem para sair, princípio que veio da minha tia, que fundou a empresa. Existe, sim, uma preocupação com a sucessão e a renovação, que é saudável para todos, mas sem a pressão da idade.”

No grupo independente, o ambiente e a postura são parecidos com o que Luiza descreve, sem pressão. Ninguém vai dizer quando vão sair. E nem passa pela cabeça delas se afastar, desacelerar ou mudar o estilo de vida simplesmente por terem chegado aos 60. Podem listar vários outros motivos, mas idade não está entre eles. “Na empresa em que eu trabalho não há limite de idade, você só sai quando quer”, diz A., 62 anos, executiva de carreira em uma estatal. “Eu quero continuar trabalhando enquanto der. Primeiro porque sei que tenho competência. E também porque é uma maneira de estar atualizada, me sentir útil, porque todo dia eu aprendo.”

“Eu tenho a sorte de estar em um ramo do direito em que os clientes estão preferindo tratar com pessoas maduras”, conta I., 59 anos, advogada. “Um cliente procurou o meu escritório para comprar uma grande empresa brasileira e a primeira coisa que ele disse é que não queria tratar com a garotada. Quando os assuntos envolvem alta confidencialidade, eles estão preferindo tratar com os profissionais mais experientes. Então, vejo ainda um longo futuro profissional para mim.”

Mas há visões diferentes sobre isso. Chieko Aoki, que sabe como ninguém combinar firmeza com delicadeza, acha que não há diferença nenhuma entre quem é funcionário e quem é empresário. “O empreendedor não pode ficar pendurado na empresa a vida inteira. Temos que nos preparar para o futuro da mesma maneira. Não podemos pensar só no hoje, mas no amanhã. Para quem se prepara só para o ontem e o hoje, o amanhã não existe. Se você sabe o que quer fazer daqui a dez anos, tem que se planejar para isso."

> **“TEMOS QUE PLANTAR PARA O FUTURO. TEM TANTO PARA FAZER, TANTAS NECESSIDADES NA SOCIEDADE. SE A GENTE PLANEJA A CARREIRA A VIDA INTEIRA, POR QUE NÃO PLANEJAMOS O QUE VEM DEPOIS?** Chieko Aoki, 66 anos, presidente da rede Blue Tree Hotels.

"Eu não quero encompridar esse período, permanecendo no mesmo ponto, só porque sou dona da empresa", continua Chieko. "Não quero e não devo. Temos que dar espaço para quem vem, como um dia já fizeram conosco. É um ciclo natural. Se pensarmos só em nós, o mundo acaba quando a gente morre. E está errado. Temos que pensar nas crianças, nos jovens."

"Eu sempre fui empreendedora e sou sócia de uma empresa que também analisa carreiras", diz Iêda Novais, 63 anos, sócia-diretora da KPMG, gigante multinacional especializada em auditoria, consultoria e tributos. "Sempre me planejei para esse momento porque acredito em planejamento. E esse olhar para o futuro tem que ter um horizonte de 10 anos, no mínimo. Primeiro, temos que olhar para dentro e ver aquilo que gostamos e queremos. Sei que voltar para uma vida caseira não é a escolha dessa geração. Sobretudo porque não consegue enxergar esse futuro em um momento de tanta produtividade por causa da experiência e do conhecimento acumulado. A gente brinca que 'o diabo é sábio não porque é diabo, mas porque é velho'. Temos que aproveitar essa sabedoria. E esse momento não pode ser motivo de sofrimento só porque não nos planejamos. O problema é que o brasileiro, de modo geral, detesta fazer isso. Mas tem que ser feito. Sobretudo agora que sabemos que vamos viver muito mais. O curso da carreira tem que ser planejado a longo prazo, e isso inclui o momento de sair ou trilhar outro caminho." Com seu estilo clássico e discreto, cabelos castanhos curtos e impecáveis, voz suave e pausada, Iêda transmite calma e faz a gente pensar.

> **"REFAÇO MEU PLANEJAMENTO PESSOAL TODOS OS ANOS, MAS SEMPRE COM UMA PROJEÇÃO DE DEZ ANOS PARA A FRENTE. DAQUI A DEZ ANOS, ESTAREI COM 73 ANOS. É CLARO QUE A MINHA VIDA ESTARÁ DIFERENTE DE HOJE. E EU PRECISO SABER HOJE O QUE QUERO FAZER QUANDO CHEGAR LÁ.**
>
> Iêda Novais, 63 anos, sócia-diretora da KPMG

O segredo desse planejamento de longo prazo é não ter medo de pensar no futuro e se conhecer bem. "Há tantas ferramentas disponíveis que podem ajudar a mapear preferências pessoais, competências e aptidões e a cruzá-las com a experiência acumulada", explica Iêda. "Assim, podemos traçar o caminho com mais segurança. Esses testes remontam à Segunda Guerra Mundial, quando era necessário conhecer bem as pessoas para montar equipes eficientes e com capacidades complementares. E eles ainda são muito bons em mostrar quem somos. Eu já decidi que irei ser conselheira em empresas e também darei aulas. Eu já faço as duas coisas hoje, mas não na intensidade que poderei fazer quando começar a me afastar do dia a dia da empresa. São duas coisas que adoro e que me preparei para elas. Dar aulas na USP também é uma chance de retribuir, já que estudei lá de graça. É importante lidar com os jovens, formar gente e partilhar experiências."

"Há uma mortandade muito alta entre os novos negócios por causa da falta de experiência, de planejamento, de pensamento sistêmico, de visão de futuro", diz Iêda. "Nessa idade, você é capaz de olhar para um negócio e ver rapidamente quais são as possibilidades e onde pode chegar."

"Depois de uma vida inteira como executiva em grandes corporações, planejei cuidadosamente a minha saída e os próximos passos", conta P., 56 anos, ex-diretora de indústria da área de beleza e hoje dona do próprio negócio no mesmo ramo. "Fiz um pé-de-meia para poder investir, fui fazer uma pós-graduação em empreendedorismo, montei cuidadosamente o plano do meu próprio negócio, porque quero fazer direito, sem riscos. Estou muito animada em dar uma guinada na vida, mudar a rotina e conhecer gente nova."

“A REINVENÇÃO DA CARREIRA NÃO PODE SER UM SALTO NO ESCURO. TEM QUE SER UMA TRANSFERÊNCIA DE HABILIDADES PARA ALGUMA COISA SEGURA E QUE DÊ MUITO PRAZER. DEPOIS DOS 60, A GENTE TEM QUE SE DIVERTIR MUITO.

Iêda Novais, 63 anos, sócia-diretora da KPMG

"Eu não separo a vida profissional da pessoal. É uma coisa só", completa Chieko Aoki. "Aquilo que eu penso, aquilo que eu sou, a minha filosofia de vida não é diferente no trabalho ou fora dele. O jeito Chieko é um só, em qualquer lugar. Assim como não quero ver meus sobrinhos sem liberdade e espaço para crescerem e serem alguém na vida, desejo o mesmo para os meus funcionários. É tão bom quando a gente olha para trás e vê tanta gente competente vindo aí. Temos obrigação de formar e dar espaço."

"TEMOS QUE PENSAR NO CICLO DA VIDA COMO UMA ETERNIDADE. A GENTE TEM ESPAÇO EM OUTRAS ATIVIDADES A VIDA INTEIRA. NINGUÉM É INÚTIL, DESDE QUE QUEIRA SER ÚTIL.

Chieko Aoki, 66 anos, presidente da rede Blue Tree Hotels

Não importa a que grupo pertençam, executivas, autônomas ou donas do próprio negócio, todas estão na fase de repensar suas vidas. Hora de fazer balanço. Balanço das conquistas e das expectativas. Querem continuar produtivas e realizadoras, mas com qualidade de vida. Resgatam objetivos que ficaram pelo caminho e descobrem novos. O que eu quero fazer daqui para a frente? Parar? Fora de questão. É hora de realizar ainda mais.

Executivas estão criando negócios próprios, empresárias estão expandindo as companhias, empreendedoras estão explorando novos nichos, profissionais liberais estão criando projetos inovadores. Ou simplesmente procuram novos focos de atuação, seja migrando do operacional para o estratégico, seja doando parte do tempo para trabalhos sociais. Todas querem de alguma maneira prazerosa escoar uma imensa energia criativa que ainda têm com um novo jeito de ver a vida.

> **“MINHA EMPRESA ESTÁ MADURA, SE REESTRUTURANDO PARA O FUTURO. COMEÇO A ME REVER. É OUTRO MOMENTO. TENHO QUE VER TUDO DIFERENTE.** Y., 67 anos, empresária

Sempre séria e profundamente focada na vida profissional, Y. está avaliando agora novas possibilidades que tragam mais leveza e prazer. Com cabelos castanhos cacheados naturais e soltos livremente, maquiagem levíssima na pele muito clara e um entusiasmo de menina, só falta agora aposentar os ternos sóbrios de empresária de sucesso e voar.

"A experiência te acalma um pouco", diz Luiza Helena Trajano. "A maturidade te deixa mais segura. Você nem percebe, mas é verdade. A forma como enfrenta os problemas e as dificuldades é bem menos tempestuosa do que antes." "Já mudei bastante o meu jeito de trabalhar", concorda Chieko Aoki. "Muito do que eu fazia, não faço mais hoje. Deixei de lado as coisas do dia a dia que outros já fazem melhor do que eu. A gente fica mais sábia. Não sei se, hoje, faria a empresa da mesma maneira. E não sei se é bom ou ruim. Mais jovem, era mais agressiva, media menos os riscos. Tudo tem seu tempo. Eu sou oriental, cada um é cada um."

"Com a sabedoria da maturidade, as mulheres costumam ter muito sucesso em suas novas iniciativas", explica Iêda Novais. "Elas são muito mais empreendedoras que os homens porque sabem lidar melhor com o imprevisível. Não assumem riscos muito altos e se estruturam de forma mais objetiva."

> "SEJAM NEGÓCIOS GRANDES OU PEQUENOS, SABEM PLANEJAR SOMANDO AS HABILIDADES DESENVOLVIDAS NA CARREIRA ANTERIOR COM O AUTOCONHECIMENTO DO QUE DÁ PRAZER. ESSA ACABA SENDO A COMBINAÇÃO IDEAL. Iêda Novais, 63 anos, sócia-diretora da KPMG

É importante se dar um tempo de reflexão nessa transição, sem medo do dia seguinte. É necessário pensar na renda que vai diminuir, na disciplina com a gestão do tempo que terá que ser reorganizado sem a demanda frenética de uma corporação. E na perda do poder e da antiga visibilidade. Se não planejarmos com serenidade, identificando o que dá prazer e outra série de fatores positivos que vão reequilibrar o jogo, corremos o risco de passar por uma crise. O desconhecido dá medo. Eu acabo de passar por esse desafio, depois de trabalhar com carteira assinada por mais de quarenta anos, sendo nas últimas três décadas para revistas femininas. Sair da gestão e voltar à reportagem, deixar a correria do mundo corporativo para mergulhar no inebriante reino das palavras acabou se revelando uma fonte de alegrias e realização. Ser dona do próprio tempo, então, é o céu!

"Fomos tão massacradas até chegarmos onde estamos, que sempre fica uma dúvida lá no fundo: será que somos capazes?", diz Iêda Novais. "É sempre uma questão de autoconfiança. Por isso, resiliência é a principal característica que essa mulher que vai fazer uma transição na carreira precisa ter. Porque, se ela ficar chorando no processo, não vai dar certo. Precisa de resiliência, maturidade, equilíbrio nas decisões, bom planejamento e boa implementação. Tem que saber usar em proveito próprio aquilo que já aprendeu antes e está perfeitamente habilitada."

"Não somos muitas presidentes de empresa no Brasil. Como somos poucas, somos amigas, nos encontramos e conversamos muito", diz Christina Carvalho Pinto. "E elas me confidenciam: 'Você, que trabalha em uma área criativa, de inovação, não tem alguma ideia para fazermos juntas? Não quero mais ficar onde estou. Eu preciso de um outro desafio mais adequado à minha visão de consciência mais expandida, aquilo lá ficou pequenininho para a minha mente. Pode ser grande para a conta bancária, para as entrevistas e as fotos na mídia, mas é pequeno para o tamanho atual das minhas possibilidades'. Sinto nessas conversas uma dor.

E não estou fora dessa dor. Já passei por todas as crises que você possa imaginar. Mas, como trabalho em um setor mais flexível, ele me permite uma reinvenção que é muito mais difícil em outras profissões."

> **"EXISTE, SIM, NESSA FASE DA VIDA, UMA CAMADA DE APRISIONAMENTO E UMA INQUIETAÇÃO DESESPERADA. CHEGAMOS AO TOPO, SOMOS RESPEITADAS, MAS A CORPORAÇÃO VIRA UM GESSO AO REDOR DE NOSSAS POSSIBILIDADES.**
>
> Christina Carvalho Pinto, 63 anos, presidente do Grupo Full Jazz de Comunicação

A grande questão é: se não tenho mais lugar na corporação e não quero abrir um negócio, como posso repassar todos os conhecimentos desenvolvidos em uma carreira de sucesso? Luiza Helena Trajano tem uma proposta nesse sentido. "Estamos trabalhando em um projeto a ser levado ao Congresso para a criação de cota de mulheres em conselhos. Hoje, temos só 7% de mulheres nos conselhos de empresas. Sem a cota, vamos levar mais de cem anos para igualar com os homens. Quando a gente entende que cota é um processo transitório para corrigir uma desigualdade, tiramos o preconceito das cotas. O homem, quando chega à maturidade e não quer mais trabalhar no operacional, vai para o conselho. Nós, não. Temos imensa dificuldade com isso."

A presença das mulheres em conselhos cresce em vários países, mas ainda é pequena, não chega a 13%, segundo o estudo The CS Gender 3000, do Credit Suisse Research Institute, de Zurich, feito com 26 mil diretores de 3000 empresas, de cerca de 40 países. No Brasil, uma pesquisa da Fundação Getulio Vargas com 72 mil empresas mostrou um movimento contrário: a participação caiu de 9,5%, em 2002, para 7,5%, em 2012.

Todas as análises feitas aqui e no exterior mostram que nas empresas em que há maior diversidade de gênero na cúpula há melhores resultados financeiros. Dados da organização sem fins lucrativos Catalyst indicam que as companhias com maior proporção de executivas nos conselhos têm retorno 66% maior sobre o capital investido e vendas 42% mais altas.

A chanceler alemã Angela Merkel, grande defensora da causa, apesar de ter sido chamada por esse motivo de "chorona" por um político, conseguiu montar uma coalização e aprovar, no final do ano passado, a cota de 30% de mulheres na cúpula das grandes empresas, mais precisamente no Conselho Fiscal, que passa a vigorar já em 2016. A medida abrange mais de cem grandes empresas que operam na Bolsa e têm suas decisões aprovadas por esse órgão.

“NÃO PODEMOS NOS PERMITIR RENUNCIAR À COMPETÊNCIA DAS MULHERES.

Angela Merkel, 60 anos, chanceler da Alemanha,
ao discursar no Parlamento, o Bundestag, depois da aprovação
da cota de 30% de mulheres no conselho de grandes empresas

"Está provado que, nos países em que há essas cotas, melhoraram a governança e o resultado das empresas, assim como a qualidade de vida da mulher", confirma Luiza Helena. "Lutamos por 30%, o número mágico. Se houver essa cota, abre-se um novo mundo para as mulheres. Quem é contra, diz que não estão preparadas. Mas, se não houver a cota, ela não vai se preparar nunca, porque não tem essa perspectiva. Do jeito que as mulheres são, elas rapidamente darão conta do desafio."

"Se a população está envelhecendo e a maioria é mulher, mais uma razão para aprovar isso. Daqui a um tempo, essa quantidade de mulheres executivas bem-sucedidas que chegam à maturidade não terão um espaço para dividir seu talento. Claro que elas podem fazer outros trabalhos sociais importantes, mas a gente quer que elas usem a sua bagagem e também ganhem algum dinheiro com isso", completa Luiza Helena.

> "CONSEGUIMOS CONQUISTAR TANTA COISA EM APENAS UMA GERAÇÃO. COMO VAMOS LEVAR CEM ANOS, CINCO GERAÇÕES, PARA CHEGAR NOS CONSELHOS? SOBRETUDO EM UM PAÍS EM QUE SOMOS A MAIORIA DA POPULAÇÃO. Iêda Novais, 63 anos, sócia-diretora da KPMG

"Por isso, sou totalmente a favor da criação das cotas e estou trabalhando nisso", conta Iêda. "O que vamos fazer com essa mulherada toda tão capacitada? E tem que ser uma mensagem do governo para o mercado financeiro por meio das empresas de capital aberto em que tem influência. É esse o propósito das cotas. Depois o mercado todo vem atrás. Quem é contra diz que não estamos preparadas, o que não é verdade. É assim porque os conselhos ainda são ambientes absolutamente masculinos que as mulheres não partilham. E nem passa pela cabeça dos homens que dominam esse mundo mudar isso. Não têm nenhuma referência, porque as mulheres deles são donas de casa. Eu vejo isso todo dia."

"TEMOS QUE DEIXAR A NOÇÃO DE SUCESSO COMO UM LEGADO PARA AS NOVAS GERAÇÕES DE EXECUTIVAS QUE VÊM POR AÍ. DE QUE ELAS VÃO PODER PASSAR VITORIOSAS POR TODOS OS DESAFIOS PORQUE ALGUÉM JÁ FEZ ISSO ANTES. Iêda Novais, 63 anos, sócia-diretora da KPMG

"Com as cotas", continua Iêda Novais, "mulheres maduras, que estão nesse momento pleno de fertilidade mental, como diz Sonia Hess, vão poder contribuir muito. E mais: elas vão poder levar assuntos para os conselhos que os homens não levam, como sustentabilidade e equidade de gênero. São questões que ficam no RH, mas não é o lugar certo. Têm que estar na cabeça do gestor. É ele quem tem que decidir sobre essas questões, seja homem ou mulher. A qualidade que as mulheres têm de ser multitarefas tem que estar no topo. Os grupos de mulheres que estão discutindo essas questões têm que ter metas efetivas, se quiserem mudar as coisas".

"Houve mudanças imensas do tempo da minha mãe até hoje. A mulher madura e resolvida emocionalmente agora pode alongar sua vida produtiva", diz G., 62 anos, professora universitária e pesquisadora. "Nos eventos do trabalho, sou sempre a mais velha, mas sinto que as pessoas me respeitam por tudo que desenvolvi até hoje."

Nos Estados Unidos, já há agências especializadas em recolocar como autônomos os *baby boomers* que se aposentaram, aproveitando a imensa experiência acumulada e o desejo de um grande número deles de continuar na ativa, segundo reportagem de Amy Zipkin para o jornal *The New York Times*, republicada pela *Folha de S.Paulo*. Um estudo feito pelo banco Merrill Lynch e a Age Wave mostrou que quase metade dos entrevistados desejava continuar na mesma área em que havia feito carreira. Outra importante tendência detectada foi a aposentadoria gradual que está sendo proposta por algumas empresas para seus funcionários que estão chegando na idade de se aposentar. Além de flexibilizarem os horários e permitirem que parte do trabalho seja feito de casa, estabelecem um período de tempo para eles se dedicarem à formação dos mais jovens. São soluções que poderiam agradar bastante a essa geração que ainda está tão ativa, mas na legislação brasileira há uma série de entraves para dificultar isso.

“LEVA-SE MUITO TEMPO PARA SER JOVEM. Pablo Picasso (1881-1973)

Nessa fase da vida, as mulheres da geração da transição resgatam os valores que sempre foram atribuídos aos jovens, como curiosidade, vontade de aprender coisas novas, capacidade de curtir a vida e liberdade para se reinventar, escrever uma nova história para as três décadas que ainda têm pela frente. Querem mudar os ambientes em que transitam, sacudir as convenções e transgredir as regras estabelecidas. Ou seja, continuar desobedientes como sempre foram. Mas isso não combina com a visão estereotipada que a sociedade tem da velhice.

"Assim como não combina com a visão estereotipada da liderança no mundo corporativo e outras várias caixinhas onde tentamos aprisionar seres humanos", acrescenta Christina Carvalho Pinto. "Essa libertação, que é inteiramente verdadeira, às vezes também pode gerar crises, porque existe uma transição interna que nem sempre é acompanhada pela situação externa. O interior evolui muito mais rápido. Quando as novas demandas, necessidades, curiosidades e esse sentido de liberdade surgem, às vezes essa mesma mulher tem medo de confessar que a realidade do seu dia a dia ainda não chegou lá. Ela busca transformar o real do seu trabalho naquilo que a sua mente já se transformou, mas nem sempre é possível. A crise vem porque, apesar de estar preparada para toda essa imensa renovação, existem compromissos com um determinado padrão de vida, com folhas de pagamento salarial no fim do mês, com tantas coisas que dependem de você. Existe um descompasso entre a verdade interna desse momento, que é belíssima, e a possibilidade concreta de realização, o que gera muita angústia."

“NESSE MOMENTO DA VIDA, DEVEMOS NOS DAR O DIREITO DE UMA CURIOSIDADE MAIS ESPIRITUAL. MAS O MUNDO CORPORATIVO, DE CERTA MANEIRA, PROIBIU ESSE VOO.

Christina Carvalho Pinto, 63 anos, presidente do Grupo da Full Jazz de Comunicação

“O mundo corporativo tornou-se tão concreto que as coisas mais belas da vida não cabem no universo profissional instituído”, continua Christina. “E a mulher se rebela contra, por isso é tão importante nas corporações. A proibição do amor, do afeto, da compaixão, do acolhimento, da espiritualidade, da transparência verdadeira embota na corporação a transição para uma visão mais ampla. A mulher madura que detém poder em um ambiente assim pode se transformar em um portal de libertação, desde que se permita mergulhar em todas as diferentes expressões de sua capacidade e saia do *script* clássico. Mais uma das belezas que essa idade nos proporciona.”

“É COM ADOLESCENTES QUE DURAM UM NÚMERO BASTANTE GRANDE DE ANOS QUE A VIDA FAZ VELHOS. Marcel Proust (1871-1922)

NOVOS DESAFIOS NO AMOR E NO SEXO

Aqui, encontrei de tudo. Os mais diferentes arranjos e sentimentos. É onde essa amostra se revela mais diversa. Viuvez, solidão a um, solidão a dois, companheiros em casas separadas, em outras cidades, em outros países. Namoros animados, ótimos casamentos, infidelidade. Divórcios depois de décadas e descoberta do amor e da sexualidade plena na maturidade.

> "AMO MEUS 50 ANOS. NUNCA ESTIVE MELHOR. FILHOS ENCAMINHADOS, ADORO MEU TRABALHO E TENHO O MELHOR COMPANHEIRO QUE PODERIA QUERER. A EXPERIÊNCIA NESSA IDADE É UM AFRODISÍACO. Consuelo Blocker, 51 anos, blogueira; topou fazer na maturidade uma ação para a Valisère, posando de *lingerie*

É só acompanhar o Consuelo Blog para ver um belíssimo exemplo de uma mulher bonita e exuberante em paz com a maturidade. Está certo que ela também aprendeu essa arte de viver com a mãe, Costanza

Pascolato. Mas fez pós-graduação. E divide com milhares de seguidoras toda a sua vitalidade e alegria. Quem não quer ser uma cinquentona como Consuelo?

Uma das minhas entrevistadas divorciou-se depois de 25 anos de casamento, três filhos e seis netos. Reencontrou um namorado da juventude, reataram e estão desbravando um novo mundo. "Aos 60, descobri uma vida sexual que nem imaginava mais que iria experimentar. E o mais delicioso é não ter preocupação com corpo perfeito, celulite e outras imperfeições que atormentam tanto as jovens. Não tem importância para mim, nem para meu namorado, que tem a minha idade." Ativíssima, bonita e segura de si, não é escrava da balança e não liga para os quadris largos, tão brasileiros. Por que, se a vida está tão boa?

"A sexualidade da mulher que está há décadas com o mesmo companheiro não é a mesma daquela que se envolve em um novo relacionamento", diz Carmita Abdo, psiquiatra, professora e coordenadora do Programa de Estudos em Sexualidade da FMUSP. "Apesar de a condição física ser igual, ambas na pós-menopausa, a segunda usufrui de um desempenho mais exuberante. Então, não se pode responsabilizar exclusivamente o advento da menopausa pela menor frequência sexual e pelo menor prazer. Ela, vivendo o desafio da conquista (vale reconquistar o maridão!), volta a ser uma adolescente, renasce sexualmente, só que com um repertório mais amplo. Sente-se novamente atraente e com a segurança da experiência. Não importa a idade, nem dela nem dele."

"A mulher dessa geração ainda foi educada para casar", continua Carmita Abdo. "Viveu sob a influência de muitos mitos, endossados pelo cinema e pelas novelas, de que o relacionamento amoroso deveria ser mágico. Mas foi a geração feminina que começou a se colocar, a se permitir dizer o que queria e o que não queria de uma relação. Hoje, bem pé no chão, reconhece que também é responsável por seu relacionamento ser bom ou ruim."

"Meu marido é 12 anos mais jovem que eu e estamos juntos desde que ele tinha 24 e eu 36, com três filhos pequenos", conta M., 70 anos, artista plástica baiana, exuberante nas suas roupas coloridas, cabelos curtinhos vermelhos e comportamento fora dos padrões. "Ele trabalhava com meu ex-marido. E diz que se apaixonou por mim no dia em que me conheceu. Mas eu só descobri isso dois anos depois que já estava separada. É uma bonita história de amor. Mesmo com toda a modernidade da minha personalidade vanguardista, quando penso sobre a minha vida afetiva, sou muito romântica e sinto que ainda vivo como uma Cinderela esperando pelo seu príncipe. Contraditório, eu sei."

> **"APESAR DE TANTAS MUDANÇAS, AINDA PERSISTE UM RESQUÍCIO DE ESPERA PELO PRÍNCIPE ENCANTADO. SÓ QUE NÃO É AQUELE QUE VAI DESPERTÁ-LA DO SONO ETERNO, MAS O QUE VAI FAZÊ-LA FELIZ POR SE SENTIR DESEJADA. MESMO ENTRE AS MAIS MADURAS, A REALIZAÇÃO COMO MULHER AINDA DEPENDE DISSO. PRÍNCIPE HOJE NÃO É O QUE PAGA AS CONTAS, MAS O QUE QUER E SABE FAZER SEXO COM ELA.** Carmita Abdo, 65 anos, psiquiatra e Coordenadora do Programa de Estudos em Sexualidade da Faculdade de Medicina da USP

O Brasil é um país que cultua a sensualidade, e isso não está necessariamente ligado à perfeição estética. Não há um padrão, mas uma postura diante da vida. Há jovens lindíssimas que não têm essa capacidade e há mulheres maduras que, mesmo perdendo os estrógenos, mantêm uma aura de sensualidade garantida pela segurança da experiência.

Muita coragem, ousadia, liberdade e autoconfiança. Até para escolher não ter ninguém. Algumas entrevistadas até se disseram aliviadas por não darem mais tanta importância para o sexo. Dizem às gargalhadas que já se juntaram com "muitos trastes" só para darem vazão à urgência do desejo. E agora não precisam mais. Há muitos outros prazeres na vida, dizem.

Muitas estão optando por ficarem sozinhas porque perderam o companheiro, ou por separação ou por viuvez, e consideram extremamente difícil encontrar um outro disponível à altura. "Tive vários momentos duros na vida, mas o pior deles foi quando perdi meu companheiro de mais de vinte anos", conta B., 69 anos, assessora de executivos internacionais em viagem ao Brasil. "Ele era a minha referência familiar, já que meus dois filhos moram no exterior. Era aquele companheiro que te alegra, te enche o saco... em resumo, que te preenche a vida. A morte dele foi muito ruim. Hoje, mesmo tendo uma vida agitada e um grupo sempre presente de gente que me quer bem, a vida perdeu a graça. No fundo, me tornei uma pessoa muito só. E essa solidão é dura. É uma saudade insubstituível de alguém com quem você partilhava tudo, trocava todas as confidências. Falta um pedaço." B. foi uma das três viúvas que entrevistei, sempre conversas doídas, um buraco visível no coração.

"A minha primeira providência nessa idade foi decidir não ter mais nem namorado nem marido", diz Costanza Pascolato. "Se eu tivesse um companheiro com um relacionamento começado lá atrás, e que a gente tivesse transformado a nossa relação de amor em uma grande amizade, seria outra coisa. Mas eu me divorciei do primeiro marido, fiquei viúva do segundo e ainda casei pela terceira vez com o Nelsinho Motta. Mas não dava mais, muito perto do fim. E começar agora uma intimidade com uma nova pessoa, aí não dá mesmo!"

"Acho difícil pensar no futuro sem alguém", diz J., 68 anos, socióloga, professora universitária e coordenadora de pós-graduação. "As amizades vão ficando escassas, os filhos escolhem outros caminhos, mas eu fiz essa opção consciente, então tenho que administrar isso. Não quer dizer que eu tenha aberto mão da vida sexual, mas abdiquei de ter um companheiro em casa, de formar outra família."

"SE EU FICAR SOZINHA, NÃO TEREI OUTRO PARCEIRO. PRIMEIRO, PORQUE ESTAMOS MUITO MAIS SELETIVAS. E, SEGUNDO, PORQUE NÃO ESTAMOS MAIS COM ESSA BOLA TODA, PRINCIPALMENTE AOS OLHOS DELES. S., 58 anos, empresária

Quem está sozinha e quer encontrar um parceiro denuncia: está difícil, sim, porque há um enorme preconceito dos homens em relação às mulheres maduras. Quando a apresentadora Tina Fey, na entrega do Oscar 2014, fez a já famosa piada sobre o filme *Gravidade*, de que George Clooney preferia vagar eternamente no espaço a ficar confinado numa nave com uma mulher da idade dele, estava falando a mais pura verdade. A grande maioria escolhe mulheres mais jovens. Fato. Não adianta eles tentarem negar. O próprio Clooney se casou recentemente com uma mulher 17 anos mais nova. "A faixa de mulheres atuantes se ampliou muito nos últimos tempos, mas os homens perdem totalmente o interesse sexual", diz Y., 67 anos, empresária. "Falam como ela está bem para a idade, mas continuam achando que é uma velha."

"Sei que tenho um certo reconhecimento social por causa da função que ocupo e do meu poder de compra. Mas há, sim, preconceito de idade", diz D., 60 anos, diretora de uma multinacional. "Sou separada e estou sozinha há seis meses. Não sinto solidão porque tenho um ótimo círculo de amigos. A maioria dos homens simplesmente não se interessa pela mulher madura."

Há também casais com enormes descompassos. Naqueles em que os dois são profissionais competitivos, muitos embates por espaço e poder tiveram que ser vencidos, até chegarem ao ponto de equilíbrio. "No meu casamento, houve cobrança por muito tempo e depois, sim, houve um acordo. Nós tivemos que crescer como casal", diz C., 58 anos, consultora de reavaliação de carreira. "Eu cobrava uma figura masculina mais protetora, ainda um resquício de uma visão tradicional, e ele cobrava a figura feminina passiva e acomodada. Brigamos muito por coisas que nenhum dos dois podia dar. Mas o casamento aguentou. Até que, na maturidade, conseguimos entender o que deveria ser realmente valorizado."

“IDADE É UM FATOR DE PRECONCEITO TÍPICO DO MACHISTA BRASILEIRO, LATINO. MULHERES MAIS VELHAS SÓ SÃO RESPEITADAS PELA CONDIÇÃO FINANCEIRA, OU PELA POSIÇÃO DE PODER, DE MANDO. Y., 67 anos, empresária

Outra fonte de conflitos frequente é quando há diferenças salariais muito grandes, ela ganhando muito mais do que ele. A sociedade ainda estranha quando a mulher tem o comando financeiro do casal, o que não ocorre quando o homem ganha mais. É muito comum que mulheres poderosas só consigam se relacionar com homens que ganham menos porque os poderosos muitas vezes competem com elas e reagem com dificuldade ao sucesso e exposição da companheira. Em ambas as situações, para a relação dar certo, é necessário que o homem tenha muita segurança para lidar com essa parceira bem-sucedida profissionalmente. Muitos relacionamentos se desfazem porque não conseguem se ajustar a essas diferenças.

> “O PRIMEIRO CASAMENTO ACABOU EM DIVÓRCIO PORQUE ELE NÃO SUPORTAVA QUE A MINHA CARREIRA ANDASSE MAIS RÁPIDA QUE A DELE. TINHA QUE LIDAR O TEMPO TODO COM PEQUENAS SABOTAGENS, TENTATIVAS VELADAS DE ME COLOCAR PARA BAIXO.

HOJE, ESTOU CASADA PELA SEGUNDA VEZ COM UM HOMEM MAIS NOVO, CABEÇA LEVE E ABERTA, QUE GANHA BEM MENOS, MAS ME DÁ ESPAÇO E SE ORGULHA DO MEU SUCESSO. ENFIM, A FELICIDADE! R., 60 anos, executiva

Por outro lado, é comum homens que ganham menos se acomodarem na situação e não buscarem crescimento, o que acaba afastando a mulher. Assim como é frequente que maridos competitivos optem por deixar o casamento, trocando a mulher bem-sucedida por outra que não trabalha e, portanto, não faz sombra a seu sucesso. O desafio da busca do equilíbrio de poder no casamento depois das conquistas femininas deu origem a uma multiplicidade de novos arranjos amorosos e conjugais, com final feliz ou não.

Outro importante descompasso se dá por causa das diferenças entre homens e mulheres na hora de lidar com a maturidade. Os homens dessa geração estão em um momento muito difícil. Ficam perdidos na aposentadoria, encolhem. Não têm mais o sobrenome jurídico, para eles uma morte.

“AS MULHERES SEMPRE ESTIVERAM MAIS PRÓXIMAS DO UMBIGO DA VIDA. ELA SOBREVIVE SOZINHA. ELE TEM MAIS DIFICULDADE. HOJE, ENVELHECER JUNTOS TEM UM OUTRO SIGNIFICADO.

Lidia Aratangy, 74 anos, terapeuta de casais e escritora

A casa sempre foi o território da mulher, por mais que trabalhasse fora. Então é mais fácil essa transição. Ela vai fazer um mundo de outras coisas, sem precisar mais provar que tem valor, que é uma pessoa inteira. Ela já fez isso lá atrás, quando provou que não era inferior. Autoconfiança e serenidade nesse momento passam a ser duas enormes vantagens para essa geração de mulheres.

E saber o que quer. "Eu amo o meu marido, estamos juntos há mais de trinta anos, é o meu melhor amigo e parceiro. Jamais vou me separar dele", conta a empresária S., de 69 anos, ainda uma mulher exuberante, bonita e sexy. "Mas ele decidiu ficar velhinho no sofá. Eu não vou ficar velhinha no sofá com ele de jeito nenhum. Por isso, arranjei um namorado fantástico, um francês que mora em Paris, para onde eu vou umas três vezes por ano. Minha vida é muito animada. Eu preciso de glamour. Não vou me entregar. Então, vou tocando a vida assim, sem nenhuma culpa."

S. decidiu por esse arranjo emocional que preserva o casamento. Mas as separações estão crescendo nessa faixa por conta dessa visão oposta de como serão os próximos 30 anos. Ele acomodado e ela cheia de vida. Ele murchando em casa e ela produtiva, cheia de amigas, programas, atividades culturais e viagens. Com os filhos, os netos, os amigos... sem os maridos. Até o dia em que ela decide que é o fim. "As mulheres são mais desapegadas", diz Giselle Groeninga, psicanalista, mestre e doutora em direito civil. "Divórcios e separações são parte da vida da maioria das mulheres hoje. Elas se separam porque um dia cansam de se submeter e mudam. É uma situação de desapego."

> A REVOLUÇÃO SEXUAL ACONTECEU SÓ PARA AS MULHERES. OS HOMENS CONTINUAM MUITO PARECIDOS COM O QUE SEMPRE FORAM.
>
> Lidia Aratangy, 74 anos, terapeuta de casais e escritora

"Em relação à expectativa sexual, percebo algum componente de frustação, sim", diz Maristela Soubihe, 44 anos, geriatra e clínica geral. "Entre 55 e 65 anos, há um grupo de homens que está mais ativo. Mas as mulheres são mais desejosas. São as que mais planejam, que têm mais fôlego, que são mais vaidosas, que estão mais bonitas. Eles já estão mais conformados."

Mas há casais que são exceções. Encontrei mulheres maduras em relacionamentos intensos com homens da mesma idade. E longos casamentos felizes. Quando perguntei a essas mulheres qual era o segredo, levando em conta que não são perfis fáceis, a resposta foi unânime: ele nunca quis me mudar.

“ELE FOI INTELIGENTE E SEGURO DE SI O BASTANTE, DESDE O INÍCIO, EM NÃO TENTAR MUDAR QUEM EU ERA, ME PODAR. AO CONTRÁRIO, SEMPRE INCENTIVOU MINHA INDEPENDÊNCIA. D., 62 anos, administradora da empresa da família

“Acho que grande parte da minha independência e do meu sucesso se deve ao companheiro maravilhoso que tive a sorte de ter encontrado na juventude”, conta P., 56 anos, empresária. “Nunca foi concorrente, sempre entendeu meu desejo de liberdade e me incentivou. Por isso estamos juntos há mais de 30 anos. Tenho certeza de que melhorei muito como pessoa por causa dele. Acho que a minha sogra teve um papel importante em fazer dele esse ser tão especial. Ela se reinventou aos 40 anos, foi para a faculdade e saiu de casa para trabalhar, numa época em que as mulheres casadas não faziam isso.”

Maria Eugenia Villarta, 56 anos, ex-modelo que ilustrou as capas de revistas mais importantes do país nos anos 80 e hoje é empresária e artista plástica, é mais um desses inspiradores exemplos de casamento feliz. Começaram a namorar quando ela tinha 15 anos, e de casamento já se vão 35. Com cinco filhos e sócios na empresa, vivem grudados, com uma cumplicidade que dá inveja. “Outro dia, uma amiga me criticou dizendo que eu colocava tudo de lado para ir a qualquer lugar com o meu marido. Largo, sim! Os filhos vão embora cuidar da vida deles e quem vai estar comigo na velhice é ele. Então, priorizo mesmo. Se tem uma feira de negócios do outro lado do mundo para passar só três dias corridos, eu vou junto. Estamos sempre grudados e eu sou muito feliz. Nossa vida é muito gostosa. E essa sensação não mudou nem com o tempo nem com a idade." "Qual é o segredo?", perguntei. "Eu nunca abri mão de ser eu mesma", respondeu. Parece que o tempo não passou tão rápido para Maria Eugenia, dona ainda de luminosos olhos verdes e um sorriso solar que irradiam essa felicidade. E os cinco filhos também não acrescentaram nada na linha da cintura ainda em forma e bem marcada pelo vestido branco florido.

Ser fiel a si mesma também é o segredo de F., 65 anos, vice-presidente de empresa. "Meu namorado não precisa de mim para ser feliz. E sabe que eu também não preciso dele para ser feliz. Por isso é que dá certo." Como diz a terapeuta Lidia Aratangy, "essa geração descobriu essa coisa fantástica que é a simetria: estar com o homem amado porque ele é amado, não porque é homem. É um privilégio poder recolocar o amor no universo do desejo, não no da necessidade".

Novamente, a liberdade de escolha reinventando tudo.

O PODER E O PRAZER DO DINHEIRO

No Brasil de hoje, estima-se que o consumo da população acima de 50 anos, homens e mulheres, esteja perto de um trilhão por ano, o que corresponde a 40% dos gastos no país, segundo a reportagem "Um mundo mais velho. E mais forte", da revista *Exame*, edição 1.053, de 13 de novembro de 2013. A mulher brasileira decide 66% da compra das famílias, segundo o Instituto Sophia Mind. As mulheres são maioria na faixa acima dos 60 anos, representam 58%. A poderosa geração que construiu uma carreira, ganhou o próprio dinheiro e ficou independente, portanto, é a nata dessa força econômica.

O que está acontecendo aqui segue o movimento mundial: o espetacular crescimento da "*silver economy*", a "economia grisalha", em uma tradução livre, como chamou o banco norte-americano Merrill Lynch, depois de uma ambiciosa pesquisa mundial feita em 2014. A geração dos *baby boomers*, nascida depois da Segunda Guerra Mundial, entre 1946 e 1964, mostra um poder de compra sem precedentes na história, dominando quase todas as categorias de produtos. O banco estima que a Economia da Longevidade alcançará U$ 15 trilhões no mundo, por volta de 2020.

OS *BABY BOOMERS* CONTROLAM 80% DE TODOS OS INVESTIMENTOS PESSOAIS NO MUNDO. E AQUELES QUE ESTÃO ENTRE 56 E 66 ANOS GASTAM MAIS DO QUE TODAS AS OUTRAS GERAÇÕES.

Dados da pesquisa mundial do banco Merrill Lynch sobre a Economia da Longevidade

Em uma escala global, a Economia da Longevidade vem em terceiro lugar em tamanho, depois de Estados Unidos e China. E antes de Japão e Alemanha, que estão em quarto e quinto lugares. Mas o comportamento de consumo desse grupo apresenta mudanças de foco, quando comparado aos segmentos mais jovens: crescem os investimentos pessoais em educação e atualização, assim como em atividades prazerosas de lazer, hobbies e viagens. Sai imensamente fortalecido também o consumo nos setores de saúde e promoção de bem-estar, de seguros e de previdência privada. Cai, porém, nos setores de moda e alimentação.

Toda a economia mundial e a estratégia das empresas terá que se ajustar a essa nova realidade se quiser crescer, já que a tendência é inexorável. O estudo do Merrill Lynch aponta que, até o fim do século 21, 70% da população mundial cairá a níveis abaixo do necessário para a reposição, com um agudo envelhecimento de toda a sociedade. Some-se a isso a renda decrescente dos trabalhadores jovens em uma economia em crise e com desemprego em alta, sobretudo nessa faixa.

Alguns efeitos positivos também são apontados na análise: a produtividade vai aumentar à medida que as empresas sejam obrigadas a integrar a capacidade e a experiência de trabalhadores com mais de 50 anos; e haverá uma crescente criação de valor na economia com a nova leva de empreendedores que, em vez de parar, estarão reinventando a vida profissional na maturidade.

E as mulheres, nesse cenário, estão mais atuantes do que nunca, como pude comprovar na minha pesquisa: não querem parar, estão desenvolvendo outras habilidades e criando novos negócios, mas com uma ótica renovada pela sabedoria da idade. Pena que o resto da economia esteja caminhando a passos lentos nessa direção e ainda não enxergou tamanho potencial.

"Se olharmos pela força da decisão de compra, é incompreensível que não exista nas empresas a preocupação de ter mulheres nas decisões estratégicas, para que nós tenhamos as necessidades atendidas", diz F., 65 anos, vice-presidente de empresa. "Diversidade nas áreas decisórias é uma grande oportunidade para a indústria de bens e serviços, sobretudo em relação às mulheres maduras que já passaram por tudo, são poderosas e não se veem representadas."

> **"OS BANCOS DIZEM QUE AS MULHERES SÃO IMPORTANTES PORQUE 75% DO PODER DE COMPRA ESTÁ NAS NOSSAS MÃOS. MAS NÃO É VERDADE, ELES NOS TRATAM MUITO MAL.**
>
> I., 59 anos, advogada

Para poder atender a essa geração de mulheres maduras, poderosas e com dinheiro no bolso, as empresas terão que entender como é o jeito que elas consomem hoje, bem diferente de quando eram jovens envolvidas com os gastos familiares e as preocupações com a poupança para o futuro. Hoje, os filhos já saíram de casa e encontraram o seu caminho, todas as necessidades básicas já foram atendidas e elas estão de volta ao primeiro lugar na própria vida. São soberanas nas decisões financeiras. E sabem perfeitamente o que querem.

> NESSA FASE, PRECISO DE BONS TECIDOS, BOM CORTE. NÃO MEREÇO ROUPINHA. ASSIM COMO NÃO MEREÇO HOTÉIS BARATOS E VINHO RUIM. R., 59 anos, empresária

Ela já trabalhou muito, criou três filhos sozinha, consolidou uma empresa de sucesso. Agora, R. decidiu só fazer o que gosta. Passou o comando da companhia para os filhos, mas permanece no controle acionário e no conselho. Vaidosa, cabelos com mechas, pele bem tratada, corpo moldado em anos de academia, quer qualidade de vida e prazer. "Eu fiz tudo por eles, agora quero mimo, alegria, viagens. Eu mereço!"

Minhas entrevistadas calculam gastar entre 40% e 50% de sua renda pessoal em coisas que dão prazer, além das obrigações da rotina. Esse alto percentual cai quando são responsáveis por pais, irmãos ou avós doentes, que precisam de cuidados especiais, de longe o gasto mais pesado no orçamento.

Mas, se isolarmos os gastos que dão prazer, as viagens aparecem em primeiro lugar. Entre os diferentes tipos de viagem, privilegiam aqueles que reúnem a família, um momento extremamente valorizado, ou os que trazem aprendizado, novos conhecimentos, diferentes povos, tradições e atividades culturais. Unindo esses dois fatores, então, fica perfeito. "Viajar é o maior valor que se leva da vida. Se fico muito tempo em casa, é como se não estivesse vivendo em plenitude", diz L., 63 anos, consultora na área de moda. "Dá a maior angústia."

"Viajo pelo menos três vezes por ano, nunca em períodos longos, porque não posso me afastar muito tempo da empresa. Às vezes com amigos, às vezes com o namorado. Mas uma delas tem que ser com os filhos e o neto. Não abro mão de viajar com a família. É um momento que espero com alegria", diz F., 65 anos, vice-presidente de empresa.

"EU NÃO LIGO PARA JOIAS, GASTO MUITO POUCO COM GRIFES CARAS E NÃO ACHO QUE PRECISO COMPRAR MAIS NADA PARA A CASA. MAS, NAS VIAGENS, NÃO REGULO MESMO. PASSO O TEMPO TODO PLANEJANDO A PRÓXIMA, PESQUISO TUDO SOBRE O LUGAR ANTES, FAÇO UM ROTEIRO CULTURAL BEM DETALHADO. A ALEGRIA JÁ COMEÇA NESSA PREPARAÇÃO, NÃO DURA SÓ O TEMPO DA VIAGEM. NO DIA EM QUE NÃO VIAJAR MAIS, ACHO QUE MORRI. N., 61 anos, executiva

"Eu tenho um *hobby* que adoro, que é cozinhar. Compro tudo sobre o tema, de livros a forminhas novas, de pratos a um tempero exótico", conta L., 58 anos, executiva. "Então, quando eu e meu marido viajamos, Paris e Nova York são os destinos preferidos. Não fazemos mais passeios turísticos. Gostamos de alugar um apartamento e fazer a vida do lugar. Aí, eu visito as feiras e os mercados, reciclo ideias e receitas, cozinho em casa e renovo o estoque de produtos e utensílios culinários para trazer na volta. Em Paris, tem uma rua com lojas de comidas e utensílios de cima a baixo. É o paraíso para mim."

"Procuro viajar para o exterior pelo menos duas vezes por ano", diz J., socióloga e professora. "Se for com a minha filha, melhor ainda. Só passei um período sem viajar, quando troquei o meu apartamento por um maior. Mas esse tempo já passou."

Em segundo lugar, uma surpresa: cabeleireiro, que chamam de *mimoterapia*. É um momento sagrado, no qual relaxam dos problemas e se cuidam, o que dá um prazer emocional enorme. "Detesto lavar o cabelo em casa. Ou boto creme demais, ou boto de menos, nunca dá certo", diz a executiva L., 58 anos. "Então, me organizo para ir várias vezes ao cabeleireiro, fazer tudo que preciso e estar sempre bem cuidada."

Mas *mimoterapia* quer dizer principalmente a forma como são tratadas. Eron Araújo, dono do salão Blend Your Mind, um dos mais concorridos de São Paulo, diz que 40% das clientes têm mais de 50 anos e são as frequentadoras mais assíduas, vão pelo menos uma vez por semana. "Elas detestam ficar mais de duas horas no salão e são muito exigentes com a atenção que recebem. Por isso, preferem evitar os horários de pico e marcam durante a semana, no período da manhã."

Em terceiro, a cultura: cursos, palestras, livros, filmes, teatros. Nessa categoria também estão os gastos com congressos, nacionais e internacionais, para aprimoramento profissional. Elas sabem tudo que está acontecendo em sua área de atuação e não perdem uma chance de melhorar a qualificação. Conhecem gente nova, aprendem e se divertem, uma combinação perfeita!

"Moro no Nordeste, mas estudei em São Paulo e é o lugar onde me realimento", diz a socióloga J. "Vou pelo menos quatro vezes por ano, participo de congressos e encontros profissionais, revejo os amigos, vou a teatros e cinemas." Para R., 60 anos, empresária, a perdição são as livrarias. "Eu compro livros para ler on-line, mas só em algumas situações específicas. Eu gosto mesmo é do papel. Sou capaz de passar horas em uma livraria grande, olhando os lançamentos, xeretando as prateleiras, sentindo o cheirinho do papel. Homens gostam do cheiro de carro novo, eu gosto do cheiro de livro novo. Não tem nenhuma chance de sair de mãos vazias."

Só em quarto lugar aparecem as roupas, bolsas e sapatos. Além de considerarem que a moda no Brasil não é feita para elas, há também outros fatores: estão mais críticas e menos impulsivas. As entrevistas que colhi confirmam a pesquisa do Merrill Lynch, que aponta queda nos gastos individuais com roupas na Economia da Longevidade.

"Desde que deixei uma grande empresa e montei um negócio próprio na área de culinária, que funciona em casa e não para de crescer, minhas prioridades mudaram todas", diz V., 60 anos, doceira. "Logo que saí, abria o armário e pensava: 'O que vou fazer com tanta coisa?', andava no shopping e pensava: 'Eu já tenho tudo'. Não preciso mais estar com o último vestido da moda, não preciso de trezentos pares de sapatos. Hoje, um jeans, uma camiseta e uma rasteirinha me deixam muito feliz. Os valores mudam, você não precisa consumir mais na mesma escala."

> “QUANDO ABRO O MEU ARMÁRIO E VEJO A QUANTIDADE DE COISAS QUE TENHO, ME DÁ ATÉ CULPA. HOJE, QUANDO VEJO ALGUMA COISA BONITA EM UMA VITRINE, ME PERGUNTO: ‘EU PRECISO MESMO DISSO?’. QUANDO É QUE EU PENSARIA UMA COISA DESSAS ANTES?! N., 61 anos, executiva

“Sempre gostei de comprar roupas boas”, conta L., 63 anos, consultora na área de moda. “Olhando tudo que tenho, vejo que não preciso de muito, agora. Mas descobri que comprar tem a ver com renovação. Se eu parar de comprar, posso estar envelhecendo, morrendo para mim mesma. É como perder o encantamento. Sei que tenho que substituir esse encantamento do consumo por outros valores. Mas ainda não cheguei lá.” Para quem trabalha no meio da moda, dá até para entender que é mais difícil mesmo.

“Tenho prazer em gastar com viagens, mas, às vezes, perco a cabeça por uma bolsa. No momento, planejo um investimento de maior porte: comprar um segundo imóvel”, diz D., 60 anos, diretora de comunicação de uma multinacional.

A independência financeira conquistada em décadas de vida profissional e a extensão da vida produtiva na maturidade faz desse grupo um poderoso investidor. "Em 44 anos de atividade no mercado financeiro, pude acompanhar uma mudança importante: a ampliação da participação das mulheres", explica Alvaro Bandeira, 64 anos, economista-chefe e sócio da Órama Investimentos, ex-presidente da Bolsa Brasileira de Futuros (BBF), e conselheiro de empresas de capital aberto. "Mais presentes no mercado de trabalho, mais qualificadas e com maior grau de escolaridade, tiveram uma elevação no seu nível de remuneração. Além disso, em muitos casos são as controladoras do orçamento familiar. Preocupam-se, portanto, com a formação de poupança e com aplicações que ajudem a aumentar o retorno."

"Na posição de chefes de família, número que cresce a cada ano, é imprescindível aumentar os conhecimentos em educação financeira", continua Alvaro. "Não há dados numéricos precisos sobre essa evolução, mas, pela minha experiência, vejo essa participação crescer, sim. Os cursos e seminários sobre o assunto estão cheios de mulheres acima dos 40 anos e com nível superior. Esse contingente expressivo chega à maturidade muito mais preparado e com dinheiro no bolso para consumir e alavancar a economia do país. Também é sensível o aumento na procura por consultoria especializada que lhes dê segurança, já que têm menor propensão ao risco que os homens. Possivelmente porque têm uma visão menos pessoal e muito mais voltada aos interesses da família."

Na maioria das entrevistas, elas dizem logo: só invisto com segurança e baixo risco. Muitas cometeram erros no passado e aprenderam duras lições. "Perdi muito dinheiro com investimentos errados na Bolsa", conta a advogada I., 59 anos. "Em 2001, cheguei a perder 40% do meu dinheiro e foi muito assustador. A partir daí, fiquei bem conservadora. Prefiro fundos de longo prazo e imóveis."

"Desde o primeiro salário, sou totalmente independente e tomo todas as minhas decisões financeiras", diz a executiva F. "Adoro gastar com viagens e moda. Mas tenho uma regra clara: estabeleço uma porcentagem para guardar e com o resto posso fazer o que quiser. Sou prudente nos investimentos, mas diversifico."

> **APRENDI COM MEUS PAIS, QUE ERAM IMIGRANTES E LUTARAM PARA CONSTRUIR A VIDA NO BRASIL, QUE NÃO BASTA JUNTAR DINHEIRO, TEM QUE TER TIJOLO.**
>
> F., 65 anos, vice-presidente de empresa

É crescente a força da geração *baby boomer* no e-commerce, considerando todos os dispositivos móveis, e 57% dos consumidores são mulheres. Dentre elas, 39% têm entre 35 e 49 anos, 22% entre 50 e 64 anos e 3% mais de 64 anos. A categoria mais vendida é a de Moda e Acessórios (17,5%), seguida de perto por Cosméticos, Perfumaria e Saúde (17,4%). Vale lembrar que o faturamento das transações realizadas por dispositivos móveis mais que dobrou no Brasil, no primeiro semestre de 2014, em comparação com o mesmo período do ano anterior: foi de 560 milhões de reais para 1,13 bilhão, uma variação de 102%. Os dados são do relatório WebShoppers, divulgado em agosto de 2014 durante a E-bit, que acompanha a evolução do varejo digital no país.

Seja a compra presencial ou on-line, percebe-se claramente uma mudança: as mulheres dessa tribo estão consumindo menos e melhor. Sem diminuir a importância da autoindulgência, que é fundamental, demonstram mais critério na quantidade e na qualidade. Mais equilíbrio na escolha do que é realmente relevante.

"A maturidade está mudando minha relação com o consumo", diz Maria Eugenia. "Hoje, prefiro tomar um bom vinho em boa companhia do que gastar uma fortuna em uma peça de grife. Eu tenho uma boa bolsa, mas ela já tem dez anos. Não preciso de outra. Eu estou tão bem comigo mesma, um vestido novo não vai me fazer mais feliz. Temos que viver com outros valores."

> "ESTOU MAIS FOCADA NA SIMPLICIDADE. GOSTO DAS COISAS BOAS, MAS TAMBÉM ENCONTRO IMENSO PRAZER NAS COISAS SIMPLES E BARATAS. A SIMPLICIDADE É CHIQUE.
>
> Maria Eugenia Villarta, 56 anos, empresária e artista plástica

"Eu sempre gostei de comprar coisas para casa", conta a atriz Irene Ravache, 70 anos, que me recebeu em seu apartamento de São Paulo, decorado com impecável bom gosto, para uma deliciosa conversa acompanhada de café expresso e biscoitinhos de chocolate. "Mas, de uns tempos para cá, acho que tenho muita coisa. Sonho até em morar em um apartamento menor. É uma nova consciência de consumo e acho que estou consumindo muito menos. Em compensação, gosto de viajar bem, numa boa classe, de dormir bem, de comer bem. Mas sou totalmente desencanada com roupas. Outro dia, passei na rua e me vi refletida em um espelho. Parei e pensei: 'Irene, você não tem mais idade para usar essa camisetinha'. Mas é só por isso. Senão, continuava usando."

"Minha idade está me dando de presente uma coisa muito legal que é ser econômica. O meu tempo está cada vez mais precioso. Simplicidade, *less is more*, sabe?", disse a atriz Cássia Kis Magro, 56 anos, à Melina Dalboni, em reportagem do caderno "Ela", do jornal *O Globo*.

As mulheres dessa geração sabem equilibrar agora, como nunca conseguiram antes, o espírito crítico com a autoindulgência, o luxo com o essencial, o impulso com o consumo consciente, o supérfluo com o necessário. Entendem melhor do que nunca o que tem valor real e o que não tem nenhuma importância, o que querem hoje e o que não interessa mais. E no que vale a pena investir para terem o prazer que merecem nessa nova fase.

“CHEGA UM MOMENTO NA VIDA DA MULHER QUE A ÚNICA COISA QUE AJUDA

É UMA TAÇA DE CHAMPANHE.

Bette Davis (1908-1989), atriz

JOGO DE CINTURA NO MUNDO DIGITAL

As *baby boomers* não são nativas digitais. Longe disso! Essa foi a geração que viu entrar em casa a tevê em preto e branco como um fenômeno da modernidade. Em torno daquela enorme e desajeitada caixa iluminada, as famílias se reuniam para ver o mundo. Hoje, se comunicam com o mundo em tempo real pelo celular, o computador e o *tablet*. Novidadeira por traço básico de caráter, a tribo que está vivendo a transição de dois mundos aprendeu a manejar essas ferramentas a cada avanço que surgia, vencendo o medo dos botões.

> **“O MODELO DA INFORMÁTICA É TRANSFORMADOR PARA ESSA GERAÇÃO QUE APRENDEU QUE NÃO PODIA ERRAR. NA INFORMÁTICA, A GENTE APRENDE ERRANDO.** Giselle Groeninga, psicanalista, mestre e doutora em direito civil

Em 2013, o grupo acima dos 65 anos foi o que mais cresceu nas redes sociais nos Estados Unidos, segundo dados do Centro de Estudos PEW, chegando a 45% do total de usuários. Embora os jovens ainda sejam maioria, segundo os especialistas, estão batendo no teto da possibilidade de crescimento, ao contrário dos mais velhos. Além disso, a mais recente Pesquisa Nacional por Amostra de Domicílio (PNAD), do IBGE, mostra que no Brasil a evolução dos plugados acima de 50 anos, entre 2005 e 2011, é enorme: o salto foi de cerca de 2 milhões e meio para mais de 8 milhões, representando 18,4% de todos os internautas. E a tendência é continuar crescendo. Segundo a última TIC Domicílios do Comitê Gestor de Internet (CGI), que mede o uso de tecnologia da informação e comunicação nas residências, o país ganhou quase 3 milhões de novos usuários com mais de 45 anos em um ano, entre 2011 e 2012.

Esses dados só refletem o que acontece em várias áreas da sociedade e da economia, não são isolados. Atender às múltiplas gerações torna-se o maior desafio comercial da maioria das empresas, que não podem mais pensar apenas no binômio simplista de "jovens" e "velhos".

> "É CLARO QUE EU TIVE QUE APRENDER A MANUSEAR TODAS AS TECNOLOGIAS. EU NÃO EXISTIRIA COMO CIDADÃ SE NÃO TIVESSE FEITO ISSO. JAMAIS DEIXARIA QUE UMA COISA DESSAS EMPERRASSE A MINHA CARREIRA. ESTOU NO FACEBOOK, NO TWITTER, NO LINKEDIN, NO INSTAGRAM. SEM MEU SMARTPHONE, NÃO SOU NINGUÉM. J., 68 anos, socióloga, professora universitária e coordenadora de pós-graduação

"Quando a tecnologia chegou, eu tive que me adaptar", conta a empresária Luiza Helena Trajano. "Meu filho falou que o iPad não ia pegar, e eu fui a primeira a comprar. Hoje, não posso dizer que sou uma *expert*, mas me exijo, treino, não desisto, peço para alguém me ensinar. Quero fazer sozinha. Quando eu comecei a postar no Instagram, as fotos eram feias. Agora, são ótimas."

"EU SOU FÁCIL DE ENTRAR NO NOVO. TENHO UMA CABEÇA DE MUDANÇA. Luiza Helena Trajano, 63 anos, presidente do Magazine Luiza

"Até alguns anos atrás, eu era uma *analfabyte* completa", conta S., 54 anos, educadora e empresária. "Mas trabalhar na área de educação me obrigou a mudar isso. Ter um filho temporão de 14 anos me ajudou no aprendizado. O problema é lidar com a impaciência dos jovens para nos ensinar. Dá a sensação de que somos uma decepção para nossos filhos." Calou fundo em mim esse desabafo de S. Eu me sinto exatamente assim quando peço ajuda para a Roberta, às vezes perguntando a mesma coisa dez vezes, e ela fica brava comigo. Será que é decepção o que eles sentem? Para driblar a situação, resolvi fazer uma agenda (sim, a dinossáurica de papel) com várias instruções passo a passo para recorrer na hora do pânico.

> **"NÃO TENHO DIFICULDADE PORQUE TRABALHO NO MEIO DE JOVENS E ELES ME ENSINAM O TEMPO TODO. QUERO APRENDER PORQUE TENHO MEDO DAQUELA IMAGEM DA SENHORINHA TAPADA, QUE NÃO SABE NADA.** I., 59 anos, advogada

"Tenho 70 anos, não me preocupei em ter familiaridade com a tecnologia e não sou ligada na internet", conta M., 70 anos, artista plástica, sem nenhum medo de ser considerada uma senhorinha tapada, já que no mundo da arte essa não é uma questão. "A maioria dos jovens não compreende esse fato, têm preconceito e chamam a nossa atenção. Conheço poucos que não são assim. Meus filhos, por exemplo, agora estão tentando me ensinar a mexer no iPad."

Casos como o de M. são raros. Não são *experts* em Excel, sempre citado como o vilão, mas a maioria se vira razoavelmente bem e está em todas as redes sociais. Ressalvam, porém, que tomam um especial cuidado para não repetirem os excessos de exposição naturais nos jovens. "Conheço tudo e uso as tecnologias disponíveis, mas a minha escolha é restringir a invasão de privacidade", diz C., 58 anos, consultora de reavaliação profissional. "Eu escolho não ter que ouvir e ver coisas que não me interessam. O legal da nossa idade é não ter medo de fazer escolhas."

As redes sociais são usadas com muita atenção por todas, conscientes do seu imenso poder, para o bem e para mal. "Tenho muito cuidado com as redes sociais. Qualquer deslize que eu cometa, será relacionado com a empresa que eu represento", diz F., 65 anos, vice-presidente de uma multinacional. "Não posso causar nenhum dano de imagem à companhia."

O jogo de cintura digital dessa geração está em saber distinguir aquilo que é realmente necessário e se concentrar nisso. "Eu sou analógica e tive que me educar para ser digital", resume Iêda Novais, da KPMG. "Mas jamais serei como essa geração que já nasceu digital. Então, uma das sabedorias da maturidade é se cercar de talentos complementares. Determinar quem vai ser planejamento e quem vai ser operacional."

Ainda bem que as empresas de tecnologia de ponta do Vale do Silício, na Califórnia, já acordaram para a nova realidade de que não há mais fronteiras de idade. A IDEO, que criou o primeiro mouse da Apple, contratou Barbara Beskind, de 90 anos, como desenvolvedora e *designer* de produtos que levem em conta as necessidades dos idosos. Sua carreira de inventora começou aos 8 anos, criando brinquedos durante a Grande Depressão, já que ela e os amigos eram pobres demais para comprá-los. Tentou mas não conseguiu cursar engenharia, como sonhava, porque era exclusivo para os homens. Fez economia doméstica, se alistou no exército e se tornou terapeuta ocupacional. Registrou seis patentes de equipamentos infláveis que ajudam crianças com problemas de equilíbrio. Resolveu se aposentar, foi morar em um retiro para idosos e não pensava mais em trabalhar, até ler uma entrevista com o fundador da IDEO, que dizia que a diversidade na equipe de *design* era fundamental para trazer diferentes perspectivas para um projeto. Escreveu-lhe uma carta com seu invejável currículo, candidatou-se a um emprego e foi chamada imediatamente. Agora, ela passa um dia por semana nos escritórios de Palo Alto, entre colegas que têm no mínimo 60 anos menos. E isso não significa nenhuma diferença de desempenho. Ao contrário, ela traz uma nova perspectiva que eles jamais teriam. Em uma palestra na Universidade de Stanford, lembrou aos alunos que a expectativa de vida longa dos *baby boomers* era uma excelente oportunidade para a criação de uma nova série de produtos que usasse o *design* e os avanços tecnológicos, como comandos de voz e câmeras embutidas, para compensar a diminuição do equilíbrio, da vista e da memória. Bárbara tem degeneração macular e está quase cega. Mas quem disse que isso diminuiu seu vigor?

> GOSTO DA IDADE EM QUE ESTOU. ACHO QUE É UM DOS MELHORES CAPÍTULOS DA MINHA VIDA. Barbara Beskind, 90 anos, *designer* da IDEO, em entrevista a Laura Sydell, na National Public Radio (NPR), de Nova York

Bárbara jamais poderia ser classificada pela idade cronológica, no seu conceito tradicional. Ela é uma dessas mulheres que estão criando uma nova verdade para os 90 anos. Mais uma inspiração maravilhosa para as *baby boomers* que estão novamente esgarçando os limites até nas dificuldades com a tecnologia.

OBSESSÃO POR SAÚDE

Sim, não é exagero falar em obsessão. Talvez porque entre minhas entrevistadas tenha encontrado vários casos de luta contra doenças amedrontadoras, como infarto agudo do miocárdio, câncer de mama, de tireoide, de pele, diabetes, colesterol alto, hipertensão... Uma delas, já no terceiro tipo de câncer. Em um número significativo de mulheres, encontrei casos de retirada do útero quando estavam na faixa dos 40, o que implica em menopausa precoce e, para muitas, obriga à reposição hormonal.

O que mais me surpreendeu não foi a alta incidência de doenças, mas a coragem e força com que enfrentam o desafio, sem esmorecer diante de pesados tratamentos, sem parar de trabalhar, sem se deixar tomar pela depressão.

> **“TIVE UM CÂNCER HÁ DOIS ANOS, E QUERO ESCREVER UM LIVRO SOBRE ISSO. ENCAREI COMO UM FILME, PORQUE O CÂNCER NÃO ENTROU DENTRO DE MIM, EU ARRANQUEI ELE DE MIM.**

FOI MUITO SOFRIDO NA HORA EM QUE EU SOUBE. MAS FALEI: O QUE TEM QUE FAZER? CIRURGIA? QUIMIOTERAPIA? ENTÃO, FUI E FIZ TUDO QUE ERA NECESSÁRIO. HOJE, ESTÁ TUDO SUPERADO.

S., 58 anos, empresária

"Acabo de superar o segundo câncer", conta Costanza Pascolato, 75 anos. "Estou sempre monitorando, fazendo exames periódicos, e sigo rigorosamente o tratamento. Tenho consciência de que prevenção é chave e que tenho que manter um estilo de vida saudável, se quero continuar bem. Me preocupo demais com as restrições provocadas por problemas de saúde. Ainda quero fazer muitas coisas e viajar muito."

"Eu só tive a sensação de que estava na maturidade aos 56 anos, quando percebi que estava mudando fisicamente", revela Costanza. "Não eram mudanças estéticas, mas de resistência. Estava trabalhando como louca e percebi que não tinha mais o mesmo pique de antes. Entendi que precisava me cuidar melhor."

"Nos anos 90, tive um tumor benigno na paratireoide que precisava ser retirado. Não operei e fui adiando, adiando", continua Costanza. "Mas ele foi minando a minha saúde, eu vivia resfriada e cansava quando andava. Nesse período, senti que envelheci muito, porque não caminhava mais. Não foi sensato demorar tanto para operar. Depois da cirurgia, minha vida melhorou e vi que tinha que mudar de atitude. Hoje, caminho todos os dias e, quando não posso, subo e desço os cinco andares do prédio. Dá muita disposição, porque, com a idade, a gente vai ficando mais lerda. Também faço Pilates há 14 anos, o que me deu uma outra consciência corporal. Dá segurança. É claro que eu posso cair amanhã. Mas certamente o risco de isso acontecer comigo é bem mais baixo do que com outras pessoas."

Depois de uma certa idade, temos que estar atentas a todas as modificações que vão acontecendo no nosso organismo. Poucas mulheres sabem que doenças cardíacas são a maior causa de morte feminina no Brasil. Matam 30% das mulheres acima de 40 anos. São seis vezes mais frequentes do que o câncer, como o Dr. Otavio Gebara e o Dr. Raul Dias dos Santos explicam no livro *Coração de mulher*. Quando paramos de produzir estrógeno na menopausa, perdemos a proteção natural das paredes dos vasos, que ficam dilatados. Como os sintomas de um ataque cardíaco nas mulheres podem ser completamente diferentes daqueles clássicos dos homens, dor aguda no peito e dormência no braço esquerdo, elas não dão atenção à sensação de cansaço, náusea e um mal-estar difuso que surge inesperadamente e não procuram ajuda. Daí o grau de mortalidade ser tão alto.

As mulheres dessa geração, que romperam tantos tabus, mas também combinaram pílula e cigarro, e desenvolveram um estilo de vida submetido a estresse igual ao dos homens, são suficientemente bem informadas hoje sobre os riscos que correm e a necessidade imperiosa de mudar o estilo de vida.

Informação leva à prevenção. Tornaram-se, portanto, obsessivas nos cuidados com a alimentação e os exercícios regulares. São rigorosas com a rotina de exames periódicos e com os hábitos saudáveis.

"Eu corro, faço musculação, sou vegetariana e faço meditação", conta a advogada I., 59 anos. "Mas a minha principal preocupação é com o fato de minha mãe ter morrido muito cedo de câncer de mama. Então, eu e minhas irmãs fazemos parte de um estudo de longo prazo sobre os fatores genéticos de hereditariedade do câncer, em um hospital americano que é referência no assunto. Isso me deixou extremamente cuidadosa com meus hábitos, sobretudo os alimentares, não só por causa das exigências do programa, mas porque eu acredito completamente nisso."

"O homem se cuida menos e fica mais doente que a mulher. Ela tem o hábito da prevenção", explica a médica psiquiatra e professora Carmita Abdo. "Quando atinge a maturidade, ela está interessada na vida, mais preservada que ele, o qual entra em um processo mais acelerado de envelhecimento. Ela sabe que vai viver mais, que provavelmente vai ficar viúva, se tem um companheiro. Por isso, não pode se entregar."

> "ELAS ME PROCURAM PORQUE NÃO PODEM ADOECER, ESTÃO CHEIAS DE PLANOS. TER SAÚDE É DETERMINANTE PARA AS ESCOLHAS QUE VÃO FAZER. A CABEÇA VAI LONGE, O CORPO NÃO PODE PARAR.
>
> Maristela Soubihe, 44 anos, geriatra e clínica geral

Ouvi de uma de minhas entrevistadas que a obesidade é o novo cigarro. Assim como elas não fumam mais, também têm a consciência de que excesso de peso pode ser o maior entrave nos planos de uma velhice ativa, plena e autônoma. Por isso, são uma tribo com baixíssima incidência de obesidade.

"Se olharmos a população em geral, há um número enorme de idosos obesos", diz a geriatra Maristela Soubihe. "São aquelas pessoas que marcam hora para ficarem velhas. Fazem aniversário e dizem: 'A partir de hoje, sou velha'. É superdifícil lidar com elas, tentar mudá-las. Mas nesse grupo específico que você está mapeando é fato: são raros os casos de obesidade."

"Engordei 30 quilos na minha primeira gravidez. Foi aí que comecei a me preocupar com o corpo", conta V., 60 anos, dois filhos e três netos. "Comecei a correr maratonas e não parei mais. Até hoje levanto cedo todos os dias para fazer alguma atividade física. Estou em forma, mas com 5 quilos a mais que não consigo perder de jeito nenhum. O corpo muda com a maturidade." V. é muito rigorosa consigo mesma, queria eu ter a barriga lisinha que ela tem, mesmo trabalhando o dia inteiro fazendo doces irresistíveis.

“FIZ ESPORTE A VIDA INTEIRA E AGORA, MAIS DO QUE NUNCA, NÃO DESCUIDO DA ROTINA DE EXERCÍCIOS. MAS NÃO ME PREOCUPO COM BARRIGA CHAPADA E BUMBUM DURO, COMO AS MINHAS FILHAS. O QUE ME MOTIVA É A SAÚDE, A ENERGIA, O BEM-ESTAR. S., 60 anos, empresária

A mais importante mudança da maturidade é a chegada da menopausa, palavra que vem do grego, combinação de *meno*, que significa "mês", e *pausis*, que significa "pausa", "final", evento que marca a última menstruação. É a entrada da mulher no climatério, também do grego *klimaktér*, que significa "ponto crítico da vida humana", quando se dá gradativamente a diminuição dos níveis de estrogênio e progesterona no organismo.

Não é à toa que esse período da vida da mulher sempre esteve envolto em mistérios e preconceitos. Apesar de ter uma citação na Bíblia, quando fala da gravidez de Sara, aos 90 anos, e de ser mencionado em papiros do Antigo Egito, que dividia a população feminina entre "mulheres vermelhas", que ainda menstruavam, e "mulheres brancas", que não tinham mais os ciclos, a menopausa e o climatério foram por milênios um assunto tabu. E era também um evento raro, já que a expectativa de vida era baixa e poucas chegavam lá.

Nossas antepassadas, até a geração das nossas mães, foram levadas a pensar que a chegada da menopausa era o "ponto crítico" dos gregos, assumido como "o começo do fim". Na visão negativa, era a fase em que as mulheres perdiam a sua principal função, que é a procriação, além dos atrativos físicos, da feminilidade, da estabilidade emocional, enfim, deixavam de ser úteis. E a medicina tratava de agravar o delicado momento, considerando-o como se fosse uma doença.

De fato, há uma série de mudanças reais, como ressecamento vaginal, diminuição da libido, insônia, depressão, alteração na distribuição da gordura corporal, perda de massa óssea e as famosas ondas de calor, os fogachos. Com recursos médicos escassos na época, as mulheres se recolhiam e ninguém falava abertamente disso. Até a revolução feminina, ocorrida nos anos 60 e 70 do século passado, quando as mulheres que estavam na linha de frente do movimento trouxeram essas questões para a superfície. Passaram a falar com naturalidade de sexo, desejo, orgasmo, menstruação e menopausa.

"Os 40 foram fáceis, os 50 não. Estou na menopausa há dois anos e a queda da libido tem sido difícil. Meu marido é 12 anos mais novo e ainda está naquela fase de querer me impressionar com *performance*. E me aflige porque isso não está me interessando a mínima, o que o deixou completamente perdido", conta S., 53 anos, empresária. "Comecei a reposição hormonal, mas ainda não coloquei a vida sexual nos trilhos. O que ajudou muito foi ter levado meu marido comigo no ginecologista. Quando entendeu que o que estava acontecendo não era culpa dele, foi um alívio para os dois." Mesmo nesse delicado momento de passagem, S. é uma usina de energia. Morena, alta, falante, alegre e muito simpática, não mudou o ritmo no trabalho, nem na vida social.

"No começo, tive um pouco de depressão e insônia. Era estranho me ver chorando por qualquer coisa. Eu nunca fui assim", conta S., 54 anos, educadora e empresária, que é a animação em pessoa e não perde a chance de sair para dançar. "Não senti diferença na libido, mas os calores são terríveis. A roupa ficava molhada a ponto de eu ter que ir em casa trocar. Ainda estou acertando as coisas com reposição hormonal."

Esses dois depoimentos são quase uma exceção. De modo geral, minhas entrevistadas nem lembram exatamente quando foi a menopausa e não relatam efeitos severos. A pílula anticoncepcional, que tomaram por décadas, além de prevenir a gravidez, regulava o ciclo menstrual, reequilibrava os hormônios e acabou influenciando também o impacto do climatério nessa geração. Bem informadas, procuraram os novos recursos imediatamente e foram combatendo um a um os sintomas. Importante ressaltar que os efeitos variam bastante entre as mulheres. E, em algumas, simplesmente não existem.

"Fiz uma histerectomia aos 48 anos e não fiz reposição hormonal porque minha mãe morreu de câncer. Então, achei que a menopausa iria ser assustadora, mas não aconteceu nada. Senti um pouquinho de calor, mas foi só isso", conta I., 59 anos, advogada. Para P., 56 anos, empresária, o mais marcante na menopausa foi a perda de energia. "Para combater, fiz reposição hormonal, mas por um breve período, porque comecei a engordar. Perdi logo os 2 quilos ganhos, com dieta e exercícios, porque só me lembrava dos 6 quilos que engordei quando parei de fumar. Hoje, já encontrei um novo ponto de equilíbrio e não ligo mais se passei do manequim 38 para o 42. O importante é ter saúde e se sentir bem."

Sem ser hoje um marco de decadência, lidam com leveza e não se referem mais à menopausa como um evento relevante. Ouvi mais reclamações sobre os calores, esses inesquecíveis, do que sobre a baixa da libido, por exemplo. Não virou um drama na vida delas.

> "TENHO MUITO RECEIO DOS EFEITOS COLATERAIS DA REPOSIÇÃO HORMONAL. COMO O QUE ME INCOMODA SÃO APENAS AS ONDAS DE CALOR, TENHO SEMPRE UM LEQUE NA MÃO. N., 61 anos, executiva

Adorei quando vi N. puxar um leque da bolsa para me mostrar. Eu tenho uma coleção deles, de todas as cores e tamanhos. Jamais falta um na minha bolsa. Já virou minha marca registrada. Os calores quase me enlouqueceram, de longe o efeito mais severo da menopausa em mim. O resto, tirei de letra. Mas sem fazer reposição hormonal. Francamente, tenho medo.

Mesmo aquelas que nunca tiveram doenças graves, sabem que, com a chegada da maturidade, o físico muda e nada mais será como antes. E isso tem que ser encarado como um fator "que faz parte do pacote", como diz o médico de Irene Ravache. "O primeiro sinal que tive de que a maturidade estava chegando foram as dores articulares", conta Irene, 70 anos. "Elas vieram com a menopausa e depois passaram. E não tive mais nenhum sintoma, nem mesmo os calores. As dores foram logo embora. E eu pensei: 'Vou ficar muito bem velha, a vida me sorri'. Mas elas voltaram e isso me limita. Faço alguma fisioterapia, mas o meu médico, que é japonês e tem aquela visão oriental, me disse que era assim mesmo, fazia parte do pacote dos 70 anos e eu tinha que me acostumar. Mas eu acho uma sacanagem essa limitação!" Conversar com Irene é uma delícia, porque ela consegue ser engraçada e bem-humorada até quando fala de problemas.

"Na gravação de *Guerra dos Sexos*", continua Irene, "comecei a descobrir o braço direito, quando ele começou a ficar curto para abotoar o sutiã nas costas. Quando tentava pegar uma xícara de cafezinho na mesa, parecia que ele ia despencar. Quando eu disse para o médico que ia para o Rio fazer uma novela em que pulava de paraquedas, montava a cavalo, despencava de árvore, ele me disse para cuidar desse braço como se fosse um bebê. É claro que havia um dublê, mas eu tinha que finalizar as cenas, me jogando no chão. Em uma delas, o dublê tinha que girar uma corda daquelas pesadas de peão para eu laçar uma pessoa. Pedi que ele fizesse com o braço esquerdo, mas ele não conseguia. Então, finalizei a cena com o braço direito e paguei o preço de noite."

“TEVE MOMENTOS EM QUE FIQUEI REVOLTADA COM AS DORES QUE ME ATRAPALHAM E LIMITAM. É COMO SE O CORPO QUISESSE IR PARA A DIREITA E VOCÊ PARA A ESQUERDA. MAS DEPOIS VI QUE NÃO ADIANTAVA. LEVANTEI E FUI EM FRENTE. A CABEÇA SE ORGANIZA PARA ISSO.

Irene Ravache, 70 anos, atriz

“A percepção da idade chegou ligada à questão da resistência física, muito mais que a fatores emocionais”, explica Irene. “Se fico uma noite sem dormir, eu sinto. Só que eu sei que é natural. O que não é natural é o que eu gostaria de estar sentindo. Isso tem me chamado muita atenção por causa do mercado de trabalho em que atuo. Vem o medo de não dar conta. Aliás, já aconteceu. Recusei um papel que queria muito fazer por causa do esforço que representava fazer teatro em São Paulo, ensaiar outro papel no Rio, voltar para filmar em São Paulo, com deslocamentos constantes entre essas duas cidades engarrafadas. Tive que fazer uma escolha. Não ia dar conta como gostaria.”

“CHEGA UMA HORA EM QUE A QUALIDADE DE VIDA TEM UM PESO MAIOR. NÃO QUERO MAIS ESSAS COISAS QUE ESTÃO NO LIMITE DO CONFORTO.

Irene Ravache, 70 anos, atriz

Entendo totalmente o que diz Irene. Ainda bem jovem, fui diagnosticada com artrite e reumatismo, herança da família materna. Nunca dei muita bola, apesar de alternar fases mais difíceis, de ver as juntas dos dedos engrossarem e de amanhecer com mãos e pés dormentes. Mas agora, depois dos 60, sinto muito mais o problema, sobretudo nas viagens. Não consigo mais andar um dia inteiro cheia de energia como fazia antes, o que me enche de raiva! Agora, ao fazer roteiros, sempre considero esse fator. Mas fazer o quê? Como diz o médico de Irene, faz parte do pacote.

Vi passar a sombra do medo nos olhos das minhas entrevistadas apenas em relação a um problema de saúde: a perda da lucidez. Mesmo aquelas que já provaram a têmpera em fortes desafios, mostram um pavor especial por doenças degenerativas do cérebro, como Alzheimer, por exemplo, que provocam a perda do controle da própria vida. Muitas particularmente atingidas pelo fato de estarem lidando de perto com a questão, cuidando de pais e avós doentes.

"Tenho muito medo da degeneração mental", confessa a jornalista Regina Guerreiro, 74 anos. "Não ligo para rugas ou para questões estéticas, mas perder a lucidez me apavora. Acho tão injusto! É inaceitável, depois de ter feito tanto, você começar a esquecer, tudo virar fumaça."

Extremamente preocupadas com isso, investem em tratamentos contra o estresse, em atividades intelectuais desafiadoras e prazerosas, ioga, meditação e tudo que possa trazer serenidade, equilíbrio e uma vida espiritual mais rica.

> “NUNCA FIZ CIRURGIA ESTÉTICA, NEM USO BOTOX. INVISTO NA SAÚDE MENTAL. FOI NA CABEÇA QUE EU FIZ UMA PLÁSTICA, COM MUITA LEITURA, PSICANÁLISE, CURSO DE ANTROPOSOFIA E ENCONTROS CULTURAIS. ENVELHECER BEM É EXPANDIR A MANEIRA DE PENSAR E PROCURAR SIGNIFICADOS NOVOS PARA A VIDA. E., 60 anos, médica e empresária

O ambiente que criam para si mesmas é vital para manter a saúde mental e o espírito efervescente. “Nós somos responsáveis pela maneira que as pessoas nos veem, para que não nos encarem como as velhinhas do estereótipo”, diz Doris Bicudo, 55 anos, jornalista que trabalha com moda e estilo e criadora do blog www.asmeninasonline.com.br. “Trabalho em revistas conceituais que você não associa imediatamente com alguém que tem mais de 50. Mas eu me cerco de gente jovem e talentosa que pode me ensinar coisas novas, mas que também quer aprender comigo. Não é o Botox que rejuvenesce, é a troca. Eu só acredito em troca.”

Tentando entender o segredo de envelhecer bem, procurei Márcia De Luca, estudiosa de ioga, meditação e do sistema indiano de cura Ayurveda, já que ela é um perfeito exemplo de beleza, serenidade e visão inspiradora dos significados dos ciclos da vida. Ao entrevistá-la, quando perguntei sua idade, recebi uma curiosa resposta: "Tenho 27, indo para 63. Antes que você pense que os 27 trazem o desejo de ser mais jovem, esclareço que escolhi esse número porque ele tem um significado de extremo poder na numerologia cabalística. Quando eu li sobre esse número em um livro, decidi que ele seria o meu número interno para sempre, não importa qual seja a minha idade biológica. O poder interno, que é a nossa verdadeira essência, é eterno, nos torna invencíveis. É aí que devemos ancorar a vida. O poder externo é efêmero, ilusório, impermanente. Envelhecer bem é saber manter o poder interior. Aí, não importa qual é a minha idade, embora eu considere a maturidade um momento maravilhoso da vida."

"NAS TRIBOS INDÍGENAS, A MULHER MAIS VELHA É A MAIS IMPORTANTE DE TODAS, PORQUE DETÉM O CONHECIMENTO, A EXPERIÊNCIA E A CAPACIDADE DE CURAR. TEMOS MUITO QUE APRENDER COM ELAS. Márcia De Luca, 63 anos, estudiosa de ioga, meditação e Ayurveda

"Quando comecei a estudar Ayurveda", explica Márcia, "entendi que a vida segue os ritmos da natureza, os ciclos da lua. A vida da mulher equivale às estações do ano. A criança é a primavera, colorida e leve. Quando entramos no verão, a sensualidade explode e desenvolvemos o feminino, fase que é representada pela deusa Afrodite, Lakshmi na mitologia indiana. No outono, é quando chegamos à maturidade e, como na natureza as folhas começam a secar, nós também passamos por uma grande transformação, nos fortalecendo intelectualmente. Até o inverno, esse sim o momento da velhice mesmo. Todas as estações são belas à sua maneira. É a evolução do ciclo cósmico da vida, para que haja um novo recomeço. Eu estou entrando no outono e quero ver qual é essa beleza. O problema é que somos bombardeadas o tempo todo com a obrigação de ser jovem, lisinha, esquelética, senão estamos fora. Só que isso é efêmero, não vale nada."

"HÁ UM DITADO INDIANO QUE DIZ QUE 'TODA DOENÇA É SAUDADE DE CASA'. ACONTECE QUANDO NOS AFASTAMOS DA ESSÊNCIA, DA FORÇA INTERIOR, E NÃO RESPEITAMOS O CICLO DA VIDA. ADOECEMOS POR CAUSA DESSA RUPTURA. Márcia De Luca, 63 anos, estudiosa de ioga, meditação e Ayurveda

Também vem da Índia uma crença védica milenar que pode ajudar bastante nesse processo saudável de envelhecimento que todas nós procuramos: a capacidade curativa da respiração. Os mestres ensinam que deve ser devagar e com consciência do processo. Animais longevos, como a tartaruga e o elefante, respiram bem devagar, enquanto o coelho, que respira rápido, tem vida breve. "A Ayurveda há muito tempo prega o valor da respiração na nossa saúde", lembra Márcia De Luca. "Nos hospitais indianos, há oito tipos de exercícios respiratórios que são prescritos aos pacientes como tratamento a ser feito diariamente. Mas até a medicina ocidental já reconhece que as células que não são bem oxigenadas são mais propensas a desenvolver doenças. E respirar bem não tem contraindicação. Dediquei minha vida ao estudo dessas técnicas e acredito nos seus benefícios. Assim como acredito que o hábito da meditação é capaz de elevar o nosso sistema imunológico, coordenar a liberação dos hormônios na medida e no momento certos. Finalmente, tenho convicção absoluta de que o nosso posicionamento diante da vida influencia na saúde. O pensamento positivo traz saúde e faz a vida melhorar, e o negativo é destrutivo."

"Sempre fiz muitos exercícios e diariamente pratico alguma coisa", diz P., 56 anos, empresária. "Tenho uma miniacademia em casa, faço Pilates e corro três vezes por semana no condomínio em que moro. Não é só pela beleza do corpo ou pela saúde, mas pela cabeça. Exercícios são o melhor antidepressivo do mundo. Venho de uma família de depressivos e não quero que isso aconteça comigo. Como nessa fase da vida sinto que fiquei mais introspectiva, estou atenta à busca do equilíbrio e os exercícios são ótimos para isso."

O foco principal das preocupações dessa geração concentra-se na saúde, física e mental, porque sabem que estão construindo hoje quem serão aos 80. Estão olhando para a frente, não tentando parecer 30, ao contrário do que se pensa.

“OS FATORES HEREDITÁRIOS CONTRIBUEM COM APENAS 22% PARA UMA BOA VELHICE. OS OUTROS 78% DEPENDEM DO ESTILO DE VIDA.

Alexandre Kalache, 69 anos, médico e presidente do Centro Internacional de Longevidade Brasil (ILC-BR)

"Nestes últimos anos, o limiar da velhice deslocou-se em cerca de duas décadas", descreve o filósofo e jurista italiano Norberto Bobbio (1909-2004) em seu livro *O tempo da memória: De Senectute e outros escritos autobiográficos* (1997). "Aqueles que escreveram obras sobre a velhice, a começar por Cícero, tinham por volta de 60 anos. Hoje, um sexagenário está velho apenas no sentido burocrático, porque chegou à idade em que geralmente tem direito a uma pensão. O octogenário, salvo exceções, era considerado um velho decrépito, de quem não valia se ocupar. Hoje, ao contrário, a velhice, não burocrática mas fisiológica, começa quando nos aproximamos dos 80, que é afinal a idade média de vida, também em nosso país, um pouco menos para os homens, um pouco mais para as mulheres. O deslocamento foi tamanho que o curso da vida humana, tradicionalmente dividido em três idades, inclusive em trabalhos sobre o tema do envelhecimento e em documentos oficiais, foi prolongado para aquela que se convencionou chamar de 'quarta idade'."

E a ciência está do nosso lado, facilitando o processo. Como diz o pesquisador Alex Zhavoronkov em seu livro *The Ageless Generation: How Advances in Biomedicine Will Transform the Global Economy* (2013), os avanços da biomedicina vão transformar a sociedade porque permitirão que as pessoas vivam mais tempo produtivas e saudáveis, contribuindo para o crescimento da economia global, em vez de estarem dependentes de pensões e custosos tratamentos de saúde. A velhice como concebemos hoje será um conceito ultrapassado, enquanto novas possibilidades regenerativas vão criar um *boom* na economia, com contingentes crescentes de trabalhadores e consumidores ativos e saudáveis.

A longevidade vai crescer devido a novos remédios e procedimentos médicos, sobretudo aqueles com finalidade preventiva. Como o Dr. Alex Zhavoronkov explicou em seu artigo "13 Reasons Why We Will Live Longer Than Our Parents" (13 razões por que nós vamos viver mais que nossos pais), publicado pelo *Huffington Post*, a revolução tecnológica muda a maneira como a ciência avança, barateia a troca de conhecimento e leva a tratamentos cada vez mais personalizados. Os avanços na engenharia genética permitem a descoberta de problemas muito antes de eles se manifestarem, assim como as novas técnicas de mapeamento por meio de imagens favorecem diagnósticos mais precoces e precisos. Sem falar nas possibilidades de criação de órgãos para transplantes usando a reprogramação celular a partir de células embrionárias do próprio paciente ou confeccionados em copiadoras 3D.

Não é ficção, já está acontecendo.

O VALOR DA BELEZA

São mulheres muito bem cuidadas e vaidosas. E a beleza tem um valor mais emocional do que simplesmente estético. Em uma sociedade preconceituosa com a questão da idade, refletir fora o espírito jovem é vital para elas se sentirem bem e serem respeitadas. A mensagem não é "olha como eu pareço ter menos idade", mas "estou aqui, sou dona do meu nariz e posso tudo". Sentirem-se bonitas vem de bônus.

Foi no final do século 20 que o conceito de beleza mudou completamente, deixou de ser cosmético e externo, baseado apenas no equilíbrio das proporções, para ser compreendido como o resultado do equilíbrio de diversos outros fatores, como sono, alimentação, exercícios e saúde física e mental. E a mudança pegou em cheio essa geração. Informação foi fundamental para uma profunda mudança de hábitos, apesar de lá atrás terem fumado sem saber que isso detonava a pele e era uma combinação explosiva com a pílula, e de terem se torrado ao sol numa época em que ninguém tinha ideia de que fazia mal e não existiam protetores. Aprenderam muito. Hoje, sabem perfeitamente que não adianta comprar a maquiagem mais cara para disfarçar uma pele mal nutrida e desidratada, nem apelar para cremes de última geração se a rotina é de estresse intenso e as noites são de insônia. É claro que todos os avanços da ciência da beleza são bem-vindos, mas não existe mais a ilusão de que vão funcionar sozinhos, na base do milagre.

"Percebo uma grande diferença na consciência, no nível de conhecimento em relação ao próprio corpo e aos cuidados com a saúde e a beleza", confirma Maya Hanna Maalouf, diretora de marketing da Anna Pegova, marca especializada em tratamentos estéticos com produtos próprios.

"A informação está em todo lugar. As clientes sabem mais, os esteticistas sabem mais, os cabeleireiros sabem mais, as manicures sabem mais... Hoje, a ciência já provou e todos sabem que a beleza é resultado de muitos fatores. Há quatro décadas, quando chegamos ao Brasil, não era assim. Naquela época, as mulheres de 30 não se preocupavam em como iam estar aos 70. Mas hoje as mulheres de 30 se preocupam, sim. Você sente que estão mais independentes, com mais dinheiro no bolso e autoindulgentes, pensando muito mais no futuro e em si mesmas."

Ter um cabelo brilhante, uma pele bonita e bem tratada, portanto, vai muito além da vaidade, é um sinal de informação, consciência e autoestima. Como diz a executiva A., "eu me cuido muito, mas não é me produzindo apenas".

> "NÃO SEI O QUE É SER MUITO OU POUCO VAIDOSA. TINJO O CABELO E GOSTO DE ME MAQUIAR. MAS TAMBÉM CUIDO DO PESO, DA SAÚDE, DA MENTE, DO LADO ESPIRITUAL. PARA MIM, VAIDADE É TUDO ISSO JUNTO. A., 68 anos, diretora de multinacional

E o que pensa Bruna Lombardi, o rosto que foi o símbolo máximo da beleza dessa geração? Multitalentosa, jamais restringiu sua vida a ser um mero rosto bonito. Sempre quis muito mais. "Eu nunca pensei em mim como o símbolo de uma geração. Essa foi apenas uma parte de tantos interesses, de tantas curiosidades, de tantas coisas que queria fazer. A vida foi acontecendo e sempre me envolvi com tudo porque gostava."

O seu conceito de vaidade também leva em conta diferentes fatores. "Sempre me cuidei muito, durmo de cara limpa, passo cremes, faço ginástica e ioga, fiz um tratamento com laser, estou atenta à qualidade da alimentação. Posso dizer até que sou bem natureba", confessa Bruna. "Mas a vaidade para mim tem um sentido mais amplo, que é estar em equilíbrio. E, quando estou em equilíbrio, sinto que isso beneficia todas as minhas conexões. Porque nós somos feitos de conexões." Enquanto conversávamos em um restaurante, fomos várias vezes interrompidas por gente querendo tirar fotos com ela. Até os garçons entraram na fila. Vejo a prova viva de uma mulher em equilíbrio, deslumbrante, com cabelos dourados soltos, chapéu Panamá branco, vestido cor de esmeralda que destaca ainda mais os seus olhos de um verde-água transparente. Bruna é um símbolo de beleza e bem viver, portanto, que atravessou gerações e ainda fascina pessoas de todas as idades.

Maria Eugenia, ex-modelo que, como Bruna, também foi um rosto que marcou essa geração, está encarando com muita leveza o processo de envelhecimento, década a década. "Quando eu era jovem e nas capas das revistas, havia uma pressão enorme com a questão da idade. A gente escutava que envelhecer era horrível. Me imaginava acabada aos 30. Mas os 30 chegaram e a minha vida estava cheia de gás. Achei, então, que os 40 seriam ruins. Mas os 40 chegaram e a minha vida estava melhor ainda. Meu quinto filho nasceu quando eu estava com 40. Quando os 50 chegaram, me vi adorando ter essa idade. Estou me sentindo melhor do que em qualquer outra época. Agora, estou esperando os 60. Mas acho que vou curtir, porque eu gosto de viver."

"A MATURIDADE FAZ
A GENTE PERDER
AQUELA PELE DURINHA,
VIÇOSA, COMO TEM A
MINHA FILHA DE 20
ANOS. MAS É SÓ.
EM CONTRAPARTIDA,
ACHO QUE TIVE MUITOS
OUTROS GANHOS QUE
SUPERAM DE LONGE
ESSA PERDA. NÃO
TENHO MEDO DAS
RUGAS. Maria Eugenia Villarta, 56 anos, empresária

Embora as mulheres dessa geração tenham uma autoestima elevada e sólida, acham que não é essa imagem que a sociedade tem delas na maturidade. Além de tudo que eu ouvi nas entrevistas, esse sentimento foi confirmado no estudo *The Beauty Comes of Age* (A beleza amadurece), de 2007, feito pela marca Dove, em parceria com a psicóloga inglesa Susie Orbach, da London School of Economics, o gerontologista e psiquiatra americano Robert N. Butler, do International Longevity Centre, e a psicóloga americana Nancy Etcoff, professora da Universidade de Harvard. A pesquisa ouviu 1.450 mulheres entre 50 e 64 anos, em nove países (Estados Unidos, Canadá, México, Brasil, Reino Unido, Itália, França, Japão e Alemanha). No Brasil, 92% delas afirmaram que está na hora de a sociedade mudar a sua visão sobre as mulheres e o envelhecimento. Para a grande maioria, 97%, a mídia emite conceitos equivocados sobre as mulheres que têm mais de 50 anos: de que não são mais produtivas, não gostam de sexo, não flertam e não se importam com a aparência. Na Alemanha, 88% das entrevistadas disseram que a sociedade não acredita que elas possam ter uma vida social ativa. Nos nove países, foi ressaltado por 89% que é importante cuidar da aparência, em vez de disfarçá-la, e que se a mídia refletisse a opinião da sociedade sobre as mulheres acima de 50 anos, seria como se elas simplesmente não existissem. Esse estudo global confirmou, portanto, que a sensação de invisibilidade tão comum nas minhas entrevistadas tem fundamento e é real, aqui e lá fora. E, oito anos depois dessa pesquisa, vemos que nada mudou.

87%
DA NOVA
GERAÇÃO DE
MULHERES ENTRE
50 E 64 ANOS
ACREDITAM QUE
ESTÃO JOVENS
DEMAIS PARA
SEREM VELHAS.

Pesquisa global feita em 2007 pela marca Dove, da Unilever,
com 1.450 entrevistadas

Beleza, no sentido amplo, que não distingue dentro e fora nem estética de alimentação e saúde, é extremamente valorizada entre elas, em diferentes graus. Há aquelas que focam mais nas atividades físicas e são parte significativa dos 7,6 milhões de alunos das 30 mil academias do país – pena que nunca saberemos exatamente quantas mulheres maduras estão nesse grupo, já que a Associação Brasileira de Academias desconhece qualquer pesquisa que faça um recorte de alunos por idade e gênero. Entre as minhas entrevistadas, porém, apenas uma não fazia exercícios regularmente, mas deixou claro que sabia que estava cometendo um terrível erro. Segundo a Cia Athletica, que tem 18 unidades espalhadas pelo país, 60% das alunas que têm entre 50 e 59 anos escolhem aulas de dança, ginástica localizada e *spinning*, nessa ordem. Entre as mulheres que entrevistei, destacou-se também o Pilates em primeiro lugar e, em seguida, a corrida, para minha surpresa. Mas aquelas que correm já fazem isso há muito tempo, não começaram agora.

Outras têm como foco prioritariamente a saúde da pele, que é o melhor retrato da interação "dentro e fora" na beleza. A pele é absolutamente sensível ao cigarro, a uma alimentação deficiente, aos problemas de saúde, ao estresse, à falta de sono, ao funcionamento irregular do intestino, aos maus hábitos em relação à limpeza, à hidratação e ao uso do protetor solar. Cuidar da pele significa cuidar de tudo. Mesmo aquelas que já se torraram ao sol sem ter ideia do dano, como eu e tantas outras, agora não fazem mais isso e entendem tudo sobre UVA, UVB, FPS. Na praia, protetor é uma religião. Mas ainda falta melhorar o consumo no dia a dia da cidade.

Assim como largaram o cigarro, passaram a controlar o peso, mudaram os hábitos alimentares e estão atentas às consequências das variações emocionais na pele. Até o consumo de nutracêuticos cresceu na esteira dessa nova consciência de interação "dentro e fora" na beleza. Segundo a dermatologista Elisabete Dobao, professora da Santa Casa da

Misericórdia do Rio de Janeiro, a cada dez mulheres acima dos 50 anos atendidas em seu consultório, cinco pedem espontaneamente a indicação das pílulas da beleza.

Hidratação é a principal preocupação, porque já sentem que a pele não tem mais o mesmo viço, nem a mesma elasticidade, e precisa ser reequilibrada. Tampouco são capazes de dormir com maquiagem, como as filhas fazem quando chegam cansadas da balada, porque sabem que o preço a pagar é alto. Confessam, então, uma rotina meticulosa de limpeza e se definem como "viciadas em cremes".

A atriz Irene Ravache coloca a pele em primeiro lugar porque vive uma situação particular em relação aos cabelos, já que não é dona deles: "Meus cabelos são sempre do personagem que estou vivendo no momento e mudam a toda hora. Sob meu controle fica, então, a minha pele. Como uso muita maquiagem, limpo cuidadosamente o meu rosto. A limpeza é um demorado ritual que eu mesma faço. Só fico feliz com a minha pele bem limpinha. Depois, passo hidratante e protetor solar."

Segundo o estudo *Cuidados com a pele do rosto – Brasil* feito em 2013 com 1.500 mulheres, pela agência britânica de pesquisa Mintel, 53% do grupo acima dos 55 anos declarava o uso frequente de hidratante facial. Como esse estudo não recorta a geração que estou pesquisando, que é definida por atitudes e estilo de vida, por tudo que apurei nas entrevistas posso afirmar que esse número entre elas é bem mais alto.

> “A BANCADA DO MEU BANHEIRO PARECE A PRATELEIRA DE UMA LOJA. TENHO CREMES PARA TODAS AS PARTES DO CORPO, USO DE MANHÃ E DE NOITE, NÃO VIVO SEM. SE DEIXO DE USAR UM DELES, TENHO A SENSAÇÃO QUE VOU CRAQUELAR EM MIL PEDACINHOS. R., 60 anos, executiva

Tantos cuidados as levam direto para os consultórios de dermatologia, atrás de todos os tipos de tratamentos não invasivos que as deixem bonitas e as afastem das cirurgias plásticas. Não é que tenham algum preconceito contra as cirurgias, é medo mesmo. Profundo e assumido. Sobretudo de não gostar do resultado. “O maior motivo de preferirem um tratamento estético que adie a cirurgia é o pavor de ficarem com a aparência artificial que tanto criticam em amigas ou em certas celebridades”, diz o dermatologista Jardis Volpe, da Clínica Volpe, de São Paulo, que tem 58% da sua clientela acima dos 50 anos. “Sabem que o resultado é mais natural, mesmo que a mudança fique 30% abaixo do que poderia ser alcançado com o bisturi, como é o caso da flacidez no pescoço, por exemplo. Não têm medo de descamar ou ficar com o rosto vermelho, mas têm horror à ideia de ficarem inchadas ou com a aparência radicalmente transformada.”

"Nos últimos 10 anos, o número de cirurgias estéticas faciais na faixa dos 55 anos até diminuiu", confirma João de Moraes Prado Neto, presidente da Sociedade Brasileira de Cirurgia Plástica. "Primeiro, por causa do crescimento dos cuidados ao longo da vida e, segundo, pelo aumento dos tratamentos não invasivos que protelam a cirurgia."

"Não fiz plástica", conta Maria Eugenia, "nem estou pensando em fazer. Meu investimento foi em um tratamento com células-tronco que melhorou o tônus da minha pele. Não mexe nas rugas, mas melhora a qualidade da pele de um jeito natural, usando as minhas próprias células. A isso eu somo cuidados diários, com cremes e até azeite. Gosto de usar coisas naturais. Faço uma máscara maravilhosa com clara de ovo que deixa tudo esticadinho. Mas tem que ser dos ovos do meu galinheiro da casa em Campos do Jordão. Não dá para ser com esses do supermercado".

Ainda bem que já podem contar com tantos recursos poderosos. Denise Steiner, presidente da Sociedade Brasileira de Dermatologia, calcula que suas pacientes acima dos 50 realizam duas aplicações de toxina botulínica por ano e três a quatro sessões de laser. Os tratamentos mais agressivos, como laser de CO_2 e ultrassom focado, são agendados a cada dois anos. Preenchimentos e *peelings* dependem de cada caso. "Recentemente, fiz uma análise fotográfica de algumas clientes", conta a Dra. Denise. "Uma delas estava com a aparência bem mais jovem aos 59 do que quando veio aqui a primeira vez, aos 41."

"Eu adoro me cuidar", diz S. R., 60 anos, executiva. "Vou ao cabeleireiro toda semana, faço mãos e pés, pinto os cabelos e relaxo com a massagem na hora da lavagem. Já fiz plástica nas pálpebras, dei uma puxadinha no pescoço, faço Botox e preenchimento regularmente, uso ácidos e laser. Tenho um ritual de cremes de manhã, depois do banho e à noite. Trago todas as novidades quando viajo."

O desafio é saber a hora de parar. Mesmo com medo de mudarem o rosto, muitas não percebem que já estão com boca de pato e quase sem expressão por falta de movimento na musculatura facial. Entre as minhas entrevistadas, encontrei dois casos no limite. Uma delas me contou que foi a própria dermatologista que se recusou a continuar fazendo preenchimentos em seu rosto.

> "NADA FAZ UMA MULHER PARECER TÃO VELHA COMO TENTAR DESESPERADAMENTE PARECER JOVEM.
>
> Coco Chanel (1883-1971), estilista francesa

A maioria, porém, tem uma grande preocupação em acertar o equilíbrio entre os recursos disponíveis, que nem pensam em dispensar, e a manutenção de uma aparência natural. "Minhas clientes que estão em torno dos 60 não querem ter cara de 30, não estão com essa obsessão. Querem ficar bem, sem exageros", diz Catarina Capela, dermatologista, membro da Sociedade Americana de Dermatologia. "Vejo os exageros acontecendo mais na faixa dos 38 aos 50, quando baixa o medo de envelhecer. Se eu digo que precisam vir aqui toda semana, elas vêm, sem titubear. Depois dos 50, são mais realistas, se dão conta de que o mundo não acabou e querem estar bem, mas naturais. Às vezes eu falo: 'Vamos colocar um pouco mais de bochecha', e elas entram em desespero porque acham que vão ficar com a cara de algumas pessoas que estão na tevê e elas criticam. Já entram aqui dizendo: 'Não quero ficar com cara de fulana e beltrana'. Querem ficar bem, mas nada artificial."

"Muitas vezes elas sentam na minha frente e eu não consigo decifrar se é uma jovem com aparência maltratada ou se é uma mulher mais velha muito bem cuidada", continua Dra. Catarina. "Eu tenho 41 anos. Tecnicamente, não deveria ter muitas coisas em comum com uma mulher de 60. Mas elas são inteligentes, cultas, muito bem informadas, viajadas, um papo delicioso. E eu me identifico com elas, não vejo diferenças."

"EXISTE UMA GERAÇÃO DE MULHERES CUJA IDADE É INDEFINÍVEL. E OLHA QUE EU SOU TÉCNICA NO ASSUNTO. Catarina Capela, 41 anos, dermatologista

"Mas sei que o melhor tratamento de pele é a paixão", continua a médica. "Quando elas têm um novo relacionamento, sinto que irradiam uma pele melhor e isso aparece no rosto. Vejo aqui muitas mulheres maduras que se separam e começam a se relacionar com homens mais novos. Então, se cuidam ainda mais porque temem ser trocadas por alguém da idade deles. Mas elas estão tão bonitas e interessantes que na maioria das vezes isso não acontece."

"Não tenho mais a ilusão da pele lisinha, do pescoço firme, apesar de me cuidar muito, porque isso me dá prazer. O que me faz feliz mesmo, quando olho no espelho, é ver a pele viçosa, apesar das rugas, o brilho no olhar, a alegria e o tesão pela vida", confessa N., 61 anos, executiva.

A sabedoria da maturidade ensina que temos que aceitar quem somos, resistir às pressões por um padrão estético irreal e criar a nossa própria moda. "No Renascimento, as gordinhas é que estavam com tudo", lembra Márcia De Luca. "Segundo a Ayurveda, temos que aceitar nosso biótipo, cada pessoa é única. Há vários tipos, como a esguia Gisele, a musculosa Madonna ou a curvilínea Kate Winslet, todas exemplos de beleza. Nenhuma é melhor que a outra, apenas diferentes. Eu me cuido muito porque é importante estar bem comigo mesma. Faço exercícios, ioga, uso cremes, cuido da pele, mas nada agressivo. Sou regrada e tenho hábitos saudáveis, sobretudo com a alimentação. Esses cuidados são parte intrínseca da nossa evolução. O resto eu aceito. Envelhecer é natural."

Mas cabelos brancos, que são naturais, não são aceitos pela maioria. A primeira coisa que se nota nessa tribo é que pintam os brancos, o que consideram um ato de amor-próprio. No Brasil, ao contrário de outros países, há uma crença cultural enraizada de que deixar os cabelos brancos é sinal de desleixo. Nossa geração ainda luta contra vários tipos de preconceitos profissionais e sociais. Tingir os cabelos é quase um manifesto de protesto contra a visão estereotipada de alguns segmentos que insistem em vê-la como uma velhinha. "A sociedade é, sim, preconceituosa com a velhice. Mais com as mulheres do que com os homens. Se eles têm cabelos brancos, são charmosos. Nós, se deixarmos branco, somos velhas", diz D., 61 anos, administradora da empresa da família. Esse depoimento é confirmado por Maya Hanna Maalouf, da Anna Pegova. "Vejo direto isso entre nossas clientes. Elas assumem as rugas, até alguns quilinhos a mais, mas não o cabelo branco. Ainda há preconceito. Ele envelhece a mulher."

> **"JÁ AVISEI PARA OS MEUS FILHOS, VOU PARA O CAIXÃO DE CABELO PRETO.** F., 65 anos, vice-presidente de empresa

"Setenta por cento das mulheres acima de 40 anos colorem os cabelos", diz Laura Vicentini, gerente de marketing de Wella, uma das marcas da gigante P&G. "Quando a mulher atinge 20% de fios brancos, certamente começará a colorir os cabelos. Nós pesquisamos 5 milhões de consumidoras por ano em cerca de cem países. Sabemos que a mulher brasileira é uma das mais vaidosas do mundo e está entre as que mais investem em beleza. E não deixar os cabelos brancos é uma forma de ela se sentir nova e cheia de vida. Por meio dos cabelos, revela as suas emoções."

"Nem o câncer me fez parar de pintar os cabelos", conta A., 62 anos, executiva de estatal. "Eu até tentei, já que tenho poucos fios brancos. Durante o tratamento, cortei bem curtinho, até passar essa fase difícil. Assim que pude, pintei de louro, que é a cor natural. Se deixo de pintar, me sinto abatida, com cara de velha."

"Tinjo os cabelos desde os 18 anos porque tenho uma mecha branca do lado esquerdo. Naquela época, quando Hollywood queria retratar uma mulher vilã e golpista, colocava sempre nela a famigerada mecha branca", conta A., 68 anos, executiva de multinacional. "Assim, bastou ela aparecer para eu dar fim, hábito que mantenho até hoje."

> "NÃO SE TRATA DE CABELO BRANCO OU PRETO, MAS DA SIMBOLOGIA QUE CARREGAM. SE DEIXAR FICAR BRANCO, É COMO SE EU TIVESSE DESISTIDO DE MIM, ME ENTREGADO. QUAL SANSÃO, TIVESSE PERDIDO A ENERGIA E A FORÇA. N., 61 anos, executiva

“Pinto os cabelos de louro porque é a cor original. Hoje estão completamente brancos”, conta P., 56 anos, empresária. “Não tenho coragem de assumir. Tenho olheiras marcadas e sobrancelhas muito leves. Se deixar os brancos, vou apagar total!”

É raro encontrar as que assumem os brancos, elas são um ponto fora da curva. Mas, quando conversamos com elas, orgulham-se da rebeldia como mais uma deliciosa libertação. Só que ainda são poucas.

“Nunca pensei em pintar os cabelos”, conta B., 69 anos, que trabalha na organização de grandes eventos, assessorando convidados internacionais. Os cabelos brancos curtinhos emolduram uma pele de dar inveja, lisinha, saudável, bem tratada e sem rugas, perfeitos acompanhamentos para os olhos azuis cheios de vivacidade. O conjunto harmonioso a credenciou como modelo requisitada para anúncios publicitários que procuram retratar a maturidade grisalha. “Tenho apenas uma amiga com cabelos brancos, todas as outras tingem. E elas me dizem que, se eu pintasse, pareceria 10 anos mais moça. Mas eu não acredito nisso. E acho a ideia um horror! A gente tem que ser o que é. E, se eu tivesse hoje o louro da juventude, iria parecer mais velha do que aparento. Mesmo com cabelos brancos, ninguém me dá a idade que tenho. Me orgulho deles e da minha coragem de assumir o que eu sou. Ainda mais porque eles me fazem diferente da maioria. E eu gosto de ser diferente da média.”

“É LIBERTADOR NÃO PINTAR O CABELO. TODO MUNDO TEM INVEJA DA MINHA LIBERDADE, MAS NÃO TEM A CORAGEM DE FAZER O MESMO.

B., 69 anos, que assessora executivos internacionais em viagem ao Brasil

Regina Guerreiro, a icônica jornalista de moda que sempre teve um olhar aguçado para detectar as tendências antes de todos nós, aos 74 anos resolveu assumir os brancos depois de ter sido loura platinada durante um período e de ter por anos a fio usado cabelos negros curtos, retos e com franja. "Eu me escondia atrás da franja. Mas fiquei doente e parei de pintar. E senti, de repente, que ia ficar linda com cabelos brancos, e fui em frente. Não acho que alguém deva me imitar, porque cada um é cada um. Mas eu gostei de deixar os brancos e não fiquei nem um minuto mais velha por causa deles."

> "ESTOU ACHANDO ESTILOSO OS CABELOS BRANCOS E ESSE CORTE COM FRANJA LATERAL QUE NÃO ME ESCONDE MAIS. É CHIQUE ESSE DESPUDOR. Regina Guerreiro, 74 anos, jornalista especializada em moda e estilo

Com cabelos brancos ou não, com cirurgia plástica ou não, viciadas em cremes ou não, aficionadas por exercícios ou não, vegetarianas, naturebas, essas mulheres são um segmento poderoso e não são olhadas como devem. São uma grande oportunidade ainda invisível, como elas mesmas dizem, para novos produtos, serviços e tecnologias que enxerguem as necessidades específicas desse nicho.

A pesquisa global feita pela agência britânica Mintel confirmou isso: a longevidade crescente da população começa a ser vista pelo mercado como uma grande oportunidade. O relatório Estilo de Vida Ocupado e Hábitos Convenientes – Brasil, da Mintel, de junho de 2013, constatou que, na faixa de 45 a 54 anos, 65% das mulheres brasileiras estão empregadas e, entre as que estão acima de 55 anos, 45% ainda estão ativas no mercado de trabalho. Isso indica a necessidade de oferecer produtos com apelos direcionados a esse público. As mulheres maduras provocarão um impacto direto no mercado de beleza, destacam, já que precisam competir no emprego com mulheres mais jovens, fato que vai provocar um aumento na procura de produtos revitalizantes e energizantes, que as façam parecer mais dispostas.

Se o mercado de beleza no Brasil é uma fortaleza – somos o terceiro do mundo, só depois de Estados Unidos e China –, tem tudo para crescer ainda mais na hora em que olhar a sutileza e o detalhe no grande borrão da Terceira Idade, sem ideias preconcebidas que já estão ultrapassadas.

Grandes marcas começam a romper a barreira do preconceito, tentando uma nova imagem. Duas atrizes inglesas vão fazer história: Charlotte Rampling, 68 anos, é a estrela da campanha dos cosméticos Nars; e Helen Mirren foi indicada, aos 69 anos, como o novo rosto da gigante L'Oréal. Nenhuma delas esticada artificialmente e as duas orgulhosas do rosto naturalmente desenhado pelo tempo. Alguma coisa nova está realmente acontecendo quando a gente vê a maravilhosa Monica Bellucci ser escolhida aos 50 anos para ser a nova Bond Girl, e a supermodelo Carmen Dell'Orefice, de 83 anos, que trabalha ininterruptamente desde os 13, quando posou para o pintor Salvador Dalí, ainda estrelar a capa da revista americana *New You*, na edição que foi às bancas em fevereiro de 2015, com a sua luminosa beleza emoldurada por volumosos cabelos brancos.

Quem não quer chegar aos 70/80 como elas? Todas nós!

“É PRECISO FICAR COM O ROSTO E AS RUGAS QUE SE TEM.

Sophia Loren, atriz italiana, quando completou 70 anos

TENSÃO COM A INDÚSTRIA DA MODA

Há um mal-estar generalizado em relação à moda. À moda brasileira que, segundo elas, nem cogita em atender às suas necessidades. Reclamam sobretudo das medidas, das proporções. O que ainda é agravado pela total falta de padrão nos tamanhos: 44 que parece 40 e grades que não passam daí.

> “POR MAIS QUE EU ESTEJA EM FORMA, MEU CORPO MUDOU. PARECE QUE FICA TUDO MAIS LARGO. TEM OUTRA PROPORÇÃO, QUE NÃO É A DO CORPO JOVEM. A MODA, EM GERAL, É FEITA PARA JOVENS. NÃO ENCONTRO ROUPA MODERNA PARA MIM COM FACILIDADE AQUI NO BRASIL. SÓ LÁ FORA. POR ISSO, EU ME ADAPTO. C., 64 anos, advogada e administradora de empresas

Não se percebe essa diferença imediatamente. C. é alta, bem proporcionada, gosta de roupas que mostram os contornos e acha que o clássico vestido envelope de Diane von Fürstenberg é perfeito para ela, porque pode ser ajustado como quiser. Era um deles, com um estampado geométrico, que vestia quando me recebeu no escritório.

Essa mudança no corpo foi apontada em muitas entrevistas. Embora nessa geração existam pouquíssimos casos de obesidade, elas não têm mais um corpo de garota, não têm mais a cinturinha nem os mesmos braços. As roupas que são feitas para elas, dizem, são para "velhinhas", um estilo de vida que nada tem a ver com quem são hoje. Uma pesquisa feita em 27 capitais pelo Serviço de Proteção ao Crédito (SPC), em parceria com o portal de educação financeira Meu Bolso Feliz, mostrou que 45% da população acima de 60 anos não consegue encontrar produtos adequados ao seu momento de vida. E as roupas estão no topo das reclamações. A indústria restringe-se aos jovens. Essa geração ficou em um limbo. A saída é comprar roupas quando viajam. Alegam que a indústria da moda lá fora tem uma outra visão da mulher madura.

"PROCUREM UMA MULHER MADURA NA PUBLICIDADE DE ROUPAS. NÃO EXISTE! G., 62 anos, pesquisadora e professora universitária na graduação, em mestrado e doutorado

"Elas têm toda razão", diz Costanza Pascolato, 75 anos, empresária da moda, herdeira da Tecelagem Santaconstancia, colunista da revista Vogue e consultora de tendências para várias marcas. "Mas é preciso entender o contexto. O mercado brasileiro ainda não está estruturado para isso, como acontece em outros países desenvolvidos. Apesar de os Estados Unidos serem um país jovem como o nosso, têm uma construção cultural muito diferente. É um mercado muito mais estratificado e solidificado. A indústria brasileira vai para o mais jovem porque é mais fácil. A própria Santaconstancia, que é uma indústria grande e precisa vender para a massa, tem que basear a sua produção nos tecidos elásticos, coloridos e brilhantes que são a demanda dos jovens emergentes. De modo geral, a nossa indústria não tem fôlego para produzir e distribuir nichos tão específicos como esse da mulher madura. Ela é mais criteriosa, não precisa mais de tanta coisa, compra com menos frequência."

"Nos Estados Unidos, eles já passaram por isso e estão completamente reestruturados", continua Costanza. "O varejo lá já mudou dez vezes desde a última crise e cada vez está mais aperfeiçoado. Eles são craques e inclusivos porque podem fazer isso. O Brasil tem que se reestruturar inteiramente. Esse mercado aqui está muito desorganizado."

> "EU FAÇO O ESTILO *HIGH-LOW*, MISTURO PEÇAS BÁSICAS DAQUI COM UMA ESPECIAL QUE FAZ TODA A DIFERENÇA NO CONJUNTO. MAS ESSA, EM GERAL, É DE FORA. Costanza Pascolato, 75 anos, empresária e consultora de moda e tendências

"As marcas desejam que a blogueira jovem vista e fale da roupa que vendem. Pensam que a chancela da juventude vai fortalecer a marca. Acho que é um erro", diz Jussara Romão, 57 anos, jornalista e especialista em moda, que faz revistas e catálogos para diferentes marcas e é autora do livro *Arquivo Urbano*: *100 anos de fotografia e moda no Brasil* (2013), que mostra um século de moda no país por meio de fotos de pessoas comuns, de álbuns de família, com a realidade das ruas, não das passarelas. "Se uma mulher de 40, 50 anos entra em uma loja com a filha, as duas devem ter desejo por alguma coisa que está lá. Senão, é um grande erro de mercado. O segredo da modernidade está na mistura."

> **"O BRASIL TEM UM GRANDE PRECONCEITO EM RELAÇÃO À IDADE. LÁ FORA NÃO EXISTE ISSO NO MERCADO DE MODA.**
> Jussara Romão, 57 anos, jornalista, empresária e especialista em moda

Algumas marcas estão tentando abrir esse novo caminho, até em causa própria, como conta Sonia Hess, presidente da Dudalina. "Quando lançamos a camisaria feminina, para mulheres que decidem, eu criei para mim, porque o corpo da mulher muda com o tempo. No início, a grade era do 36 ao 44. Amigas bem magrinhas e miúdas, como a Chieko Aoki, pediram o 34. Depois, outras mais cheinhas pediram o 48. Resultado: hoje eu tenho do 34 ao 50. Elas vão de bem acinturadas até sem pence, no tamanho 50, a pedido da minha sogra. Eu comecei com o 44 e já estou no 46, só para você ver como o nosso corpo muda."

> **"ADMINISTRAR UMA GRADE EXTENSA DE NÚMEROS É MUITO COMPLEXO. MAS AUMENTEI PORQUE VI NO MERCADO A NECESSIDADE. CHAMO ISSO DE INCLUSÃO. AS MARCAS SÓ PENSAM NAS MAGRAS E ANORÉXICAS. NA NOSSA IDADE, ISSO NÃO EXISTE.** Sonia Hess, 58 anos, presidente da Dudalina e do LIDE Mulher, Grupo de Líderes Empresariais

Para Luiza Helena Trajano, que emagreceu muito nos últimos tempos, a dificuldade maior para comprar roupas de executiva sempre foi em relação ao peso. "Aí, tinha que comprar fora mesmo. Agora, que estou mais magra, tenho encontrado aqui roupas adequadas com mais facilidade. Renovei o meu guarda-roupa inteiro, estou muito feliz. Antes, a roupa me escolhia. Agora, sou eu quem escolhe a roupa." Quando a entrevistei em seu escritório todo de vidro, que fica bem no centro da sede do Magazine Luiza da Marginal do Tietê, em São Paulo, ela usava um vestido acinturado de malha estampada azul, um sinal claro da recente mudança de estilo.

Além das roupas de trabalho e para os momentos casuais, alguns segmentos da moda são especialmente sensíveis para esse grupo de mulheres: roupas de praia, de festas e lingerie. Poucas, pouquíssimas marcas são citadas como opção. Para o dia a dia, aparecem Cori, Fillity, Maria Bonita e Huis Clos. Para festas, falam de Glória Coelho e da Le Lis Blanc, capazes de oferecer algo mais que "alcinhas, cinturicas e tomara que caias". Para a praia, a carioca Lenny reina absoluta na percepção delas como a marca que faz maiôs e biquínis elegantes, que valorizam o corpo não mais tão perfeito da maturidade.

Mas a grande e positiva surpresa vem da Valisère, a tradicional marca de lingerie que foi na contracorrente e teve a coragem de quebrar um paradigma, usando como porta-voz a blogueira Consuelo Blocker, autora do Consuelo Blog. Aos 50 anos, ela topou fazer fotos de *lingerie* para a marca, desde que posando com exclusividade para o "namorido", o fotógrafo italiano Roberto Leone, que mostra com sensibilidade o quanto uma mulher madura pode ser bonita e segura da própria sensualidade. Teve também as bênçãos da mãe, a sábia Costanza Pascolato, que conhece tudo de elegância e de mulheres que são ícones do seu tempo.

“MUITAS MARCAS JÁ ENTENDERAM QUE PRECISAM ATENDER A ESSAS MULHERES QUE SÃO MODERNAS E PODEROSAS, MAS NÃO TÊM CORPO DE MOCINHA. PORÉM, A IMAGEM PROJETADA É DE JUVENTUDE. E O QUE A CONSUMIDORA MADURA INTERPRETA É QUE TUDO É SÓ PARA AS JOVENS.

Jussara Romão, 57 anos, jornalista, empresária e especialista em moda

“O jeito é parar de se preocupar com moda. Temos que nos vestir bem para nos sentir bem. Mas não é possível fazer isso com roupinha, tem que ser com qualidade”, diz L., 58 anos, dona de um site de e-commerce de moda.

> **“MULHERES INTELIGENTES E BEM RESOLVIDAS FAZEM A SUA PRÓPRIA MODA. ELA SABE O QUE COMBINA MAIS COM O SEU TIPO E NÃO VAI SE SUBMETER AO QUE A MODA DITA.**
>
> C., 58 anos, consultora de processos de reavaliação de carreira

É exatamente o que eu tenho que fazer: inventar. Se o problema são as proporções, imagina para uma mulher madura que ainda por cima é baixinha? Tenho que consertar tudo que compro. Se cabe na cintura, sobra um montão no comprimento. Jamais pude comprar uma calça ou vestido com detalhes na barra.

Extravagante e ousada, a artista plástica baiana M. desenvolve a sua própria moda, customizando roupas e acessórios para que exprimam a sua personalidade exuberante. Com cabelos curtinhos tingidos de vermelhão, tem uma coleção de óculos escuros retrô, estilo gatinho, nos quais aplica cristais para que sejam peças únicas e exclusivas. Adora roupas amplas e coloridas, combinadas com colares grandes. A filha, com um misto de orgulho e admiração, diz que a mãe não se arruma, monta uma instalação. “Eu posso absolutamente tudo”, define M. “Mas nenhum estilista desenha para mim. Por isso eu customizo tudo que uso.”

“A MODA É CARETA, CERTINHA, SEM OUSADIA, AINDA MAIS PARA A MULHER MADURA. A MODA NÃO ENTENDE QUE A GENTE PODE SER O QUE QUISER, SEM SE ENQUADRAR EM ESTEREÓTIPOS. QUEM DISSE QUE 2+2 NÃO PODE SER 5?

M., 70 anos, artista plástica

"O mercado de moda no Brasil vai aos poucos, é muito lento", diz Jussara Romão, que tem um estilo ousado e moderno, com peças retas e geométricas que valorizam a sua altura de modelo e o cabelão revolto. "Quando você já sabe que vai acontecer alguma coisa, eles ainda estão se perguntando: 'Será?'."

Por isso mesmo, deveria servir de exemplo um estilista inovador como o americano Marc Jacobs. Ele rompeu o padrão internacional quando ousou, no lançamento de sua linha de joias em 2013, mostrar as peças em fotos que retratavam um casal maduro em tórridas cenas de sexo e desejo. E declarou nas entrevistas que deu na época: "Estou cansado do culto à juventude. Da rejeição cultural da velhice, da estigmatização das rugas, do cabelo branco e do corpo trabalhado pelos anos. [...] A sociedade de hoje condena. Eu celebro". Coerente com isso, repetiu a estratégia no lançamento de sua linha de maquiagem, em parceria com a gigante dos cosméticos Sephora, ao escolher como símbolo a atriz Jessica Lange, maravilhosa aos 65 anos. "Segui meus instintos de que a beleza está em todas as formas."

Vários outros estilistas estão, agora, explorando essa tendência. Novas campanhas de moda buscam a imagem de mulheres maduras para reforçar a contemporaneidade, o que não deixa de ser mais uma quebra de paradigma. Diane Keaton, aos 65, fotografa para Chico's; a escritora Joan Didion, aos 80, é a estrela de Céline; a cantora Joni Mitchell, aos 71, posa para a Saint Laurent com uma guitarra, uma túnica *folk* e o chapéu que é ícone da marca; a lendária Iris Apfel, com 93 anos e os óculos redondos gigantes vermelhos, empresta seu estilo inigualável à joalheria Alexis Bittar; e a coleção da primavera 2015 de Dolce & Gabbana retrata três avós italianas com suas vestes negras tradicionais e os coloridos acessórios da dupla. Está vindo por aí uma nova linguagem para mostrar a mulher madura.

Mas, por enquanto, nossa tribo poderosa e com dinheiro no bolso está comprando lá fora o que poderia gastar aqui com a moda brasileira. Segundo a Abit, associação que reúne a indústria têxtil e de vestuário, turistas brasileiros trouxeram para o país cerca de 12 bilhões de reais em roupas compradas no exterior, em 2013, o que equivale a 12% do gasto total com as viagens.

VOVÓ NÃO É MAIS AQUELA

Talvez uma das maiores mudanças feitas por essa geração tenha sido no papel de avó. Para as nossas mães, a maturidade trazia uma obrigação, quase como única função: cuidar dos netos. Nessa tarefa, davam um sentido à vida que se esvaziava lentamente. Hoje, na geração da transição, os netos chegam em um momento pleno, cheio de projetos por realizar, em meio a rotinas sociais e profissionais intensas. A alegria do nascimento dos netos, que todas exaltam, tem que disputar espaço com muitas outras coisas boas.

> **"QUANDO SOUBE DA NOTÍCIA, PENSEI NA HORA: JAMAIS SEREI UMA AVÓ PARA OS MEUS NETOS COMO MINHA MÃE FOI PARA OS MEUS FILHOS. SENTI CULPA. MAS PASSOU LOGO. MEU FILHO NÃO ESPERAVA ISSO DE MIM.** F., 65 anos, vice-presidente de empresa

"A diferença ficou clara para mim comparando duas fotos. Eu na cama do hospital com minha filha recém-nascida no colo e minha mãe do lado. E, na outra, a minha filha com o meu neto de apenas um dia no colo e eu do lado", conta T., 59 anos, arquiteta e *designer*. "É impressionante: minha mãe era uma velhinha gordinha, com um coque no cabelo. Tão diferente de mim, de cabelo cortado reto e jeans. E é a mesma situação, apenas uma geração depois."

"Cuidar dos netos ou não é sempre uma briga interna", confessa V., 60 anos, doceira. "Já percebi que, se abrir muito, eles vão abusando. O meu filho é bem abusado, minha nora também. Outro dia, tive que dar um basta. Disse que eles estavam agindo como se eu e o pai não tivéssemos vida própria. Então, não me tragam problema que não é meu. Adoro ficar com os meus netos, mas quero os limites bem explicados, porque não estou à disposição. A escolha é minha."

As avós dessa tribo não estão mais disponíveis a qualquer hora. Estão disponíveis por escolha, não por destino. Abrem espaço para os netos por prazer, pelo convívio estimulante, pela criação de um vínculo que passa longe da substituição dos pais no papel de educadora. Ao contrário, são liberais com horários, não ligam se estão comendo direito ou não, subvertem hierarquias, esgarçam limites e não fazem cobranças.

"Eu criei o Dia da Avó", conta a arquiteta T. "Eu busco meu neto na escola, fazemos um programa bem gostoso e estabelecemos um vínculo que é só nosso. Tenho a sensação de que ele acha que temos a mesma idade."

"Trabalho muito a semana inteira, não tenho tempo de ver minhas duas netas gêmeas", conta Doris Bicudo. "Mas abro mão de qualquer programa em uma sexta ou um sábado por elas. As duas dormem uma noite por semana conosco. São engraçadas, divertidas. Mudei de casa logo depois que elas nasceram, fiz um *closet* aberto com banquinhos e elas adoram mexer nas minhas coisas, calçar meus sapatos, desfilar com minhas bolsas. Estou fazendo um acervo *vintage*, para elas usarem no futuro, com as peças mais bacanas e que elas mais gostam."

“NÃO ME PREOCUPO EM EDUCAR NINGUÉM. COMO DIZ MEU MARIDO, NÃO SEI EDUCAR CACHORRO, QUANTO MAIS CRIANÇA. ENTÃO É PURO PRAZER. JÁ EDUQUEI QUEM TINHA QUE EDUCAR, A MÃE DELAS. EDUCAR NÃO FAZ MAIS PARTE DO NOSSO CAMINHO. Doris Bicudo, 55 anos, jornalista e criadora do blog www.asmeninasonline.com.br

“Sou bagunceira e criançona quando estou com meus netos”, conta A., 62 anos, executiva de estatal. “E o prazer de conviver com eles foi a minha salvação. Tive câncer na tireoide e, depois da cirurgia, sofri paralisia nas cordas vocais e perdi a voz. Os médicos não acreditavam que eu voltasse a falar.” Com a voz embargada e os olhos cheios d’água, A. faz uma pausa emocionada. “Mas só de pensar que não podia mais falar com eles, lutei muito, tentei de tudo e consegui reverter o quadro.” Tudo está superado agora. E esse é seu segundo câncer. Quando conversamos com ela, sempre animada, alto-astral, cabelos lisos e louros, olhos apertadinhos e doces, vemos que ali mora a força.

“Sou avó de seis netos”, conta a médica e empresária E., 60 anos, que tem uma vida agitadíssima, seja no trabalho, seja socialmente. “Reservei uma tarde por semana só para eles, curto demais. Vamos a parques, saímos de bicicleta ou simplesmente brincamos dentro de casa. São momentos fantásticos e amorosos. Mas é raro meus filhos me pedirem para ficar com eles à noite.”

“NOSSOS NETOS NÃO SE RESSENTEM DESSA NOVA AVÓ SEM DISPONIBILIDADE, PORQUE O CONVÍVIO TEM MAIS QUALIDADE. SÃO AVÓS SEM CARÊNCIAS. AVÓ CHATA É PÉSSIMO PARA A CRIANÇA.

Elizabeth Monteiro, 65 anos, terapeuta de família e escritora, autora do livro *Avós e sogras: dilemas e delícias da família moderna* (2014)

"Tive quatro filhos e tenho seis netos. Adoro crianças, trabalho com crianças", conta Elizabeth. "Mas não sou daquele tipo de avó que exige que batam o ponto no almoço de domingo. Na vida corrida de hoje, no final de semana os filhos devem ficar com os pais."

Se bate a culpa de não serem a avó perfeita do manual, logo afastam esse sentimento porque romperam o *script* da Dona Benta, da Vovó Donalda. O modelo tradicional foi quebrado e isso trouxe liberdade para outros tipos de relacionamento.

Lidia Aratangy, que tem dez netos, diz que é dez avós diferentes. Com cada um desenvolveu um vínculo de afinidade particular, e isso é muito mais enriquecedor do que o velho papel único. "Temos várias personagens internas diferentes, deveríamos ser chamadas no plural. Somos Marcias, Lidias, Marias... Todo mundo está lá dentro, nem sempre de acordo. Há dissidências. Mas podemos viver quem somos com muito mais liberdade. A Dona Benta não podia ter isso. Ela tinha um só papel."

"Eu me preparei para ser Dona Benta", diz Irene Ravache, dois netos, "porque tive avós assim. E meus netos me deram uma rasteira, os dois. Eu me preparei para fazer brigadeiros e eles não gostam! Por que sobrou para mim netos que não gostam de brigadeiro? Quando eles eram pequenos, eu era do tipo que colocava no colo, levava para a minha cama para dormir e ficava segurando a mãozinha e contando histórias. Mas nunca pude estar sempre disponível por causa do meu trabalho. Mas só por isso. Queria ter sido a Dona Benta".

Apesar desse desejo, Irene nunca teve a aparência da vovó estilo Dona Benta. Até porque, fisicamente, essa vovó é uma espécie em extinção. "Não existe mais a avó estilo Dona Benta, de cabelo branco, coque e óculos pequenos na ponta do nariz", diz a jornalista especializada em moda Doris Bicudo. "Vovó vai fazer um corte moderno no cabelo, fazer cirurgia na vista, colocar lentes de contato ou escolher uma armação de óculos bem charmosa, que seja um poderoso acessório de moda."

Certamente não serei uma Dona Benta. Serei a vovó meio maluquinha de óculos coloridos que vai morar na praia, viver de Havaianas e flores no cabelo. Provavelmente vou desobedecer todas as regras quando meus netos chegarem, aquela que vai dar sorvete em vez do jantar. Estou louca para ser avó, mas nenhum sinal à vista.

> "ACHO QUE O QUE MUDA COM A NOSSA GERAÇÃO É QUE NÓS NÃO PROJETAMOS NADA, NEM PARA OS FILHOS, NEM PARA OS NETOS. ISSO É BEM DIFERENTE DE NOSSAS MÃES, QUE PROJETAVAM O QUE SERÍAMOS. J., 57 anos, empresária

Para os próximos 30 anos da própria vida, porém, elas estão cheias de projetos transformadores.

A REVOLUÇÃO DO CURSO DA VIDA

Quando a filósofa e feminista francesa Simone de Beauvoir (1908-1986) escreveu o livro *A velhice* (1970), retratava um quadro devastador: "Se os velhos manifestam os mesmos desejos, os mesmos sentimentos, as mesmas reivindicações que os jovens, eles escandalizam; neles, o amor e o ciúme parecem odiosos ou ridículos; a sexualidade, repugnante; a violência irrisória. Devem dar o exemplo de todas as virtudes. Antes de tudo, exige-se deles a serenidade; afirma-se que possuem essa serenidade, o que autoriza o desinteresse por sua infelicidade. A imagem sublimada deles mesmos que lhes é proposta é a do sábio aureolado de cabelos brancos, rico de experiência e venerável, que domina de muito alto a condição humana; se dela se afastam, caem no outro extremo: a imagem que se opõe à primeira é a do velho louco que caduca e delira e de quem as crianças zombam. De qualquer maneira, por sua virtude ou por sua abjeção, os velhos situam-se fora da humanidade. Pode-se, portanto, sem escrúpulo, recusar-lhes o mínimo julgado necessário para levar uma vida de homem".

Houve profundas mudanças nas mais de quatro décadas que nos separam de sua análise, mas vários resquícios dessa visão ácida permanecem escondidos na sociedade. Naquela época, Simone de Beauvoir dizia ter escrito esse livro para que se rompesse o silêncio que pairava sobre a condição desumanizada da velhice. Mesmo tendo revolucionado o curso de suas vidas até a maturidade e estarem reinventando o envelhecimento, as minhas entrevistadas ainda relatam uma incômoda invisibilidade.

“[...] QUANDO É QUE A VELHICE COMEÇA, SURGINDO DE DENTRO DA MOCIDADE.

João Guimarães Rosa (1908-1967), em *Grande Sertão: Veredas*

No século 2, o médico romano de origem grega Cláudio Galeno (130 d.C.-200 d.C.) já definia a maturidade como o período intermediário entre a saúde e a doença. Por dois milênios, até o final do século 20, também parecia fácil definir o momento em que a velhice começava, por causa da marginalização e da decadência física clara e veloz. Mas essa noção se esgarçou com a transformação do perfil demográfico da população, com os avanços da ciência na área da saúde e, sobretudo, com a mudança de comportamento das mulheres.

Hoje, no terceiro milênio, não podemos mais pensar da maneira antiga, que a vida é um arco: quando atingimos o auge, começa a decadência. Nesse cenário, fazia sentido usarmos as categorias idade, estado civil e profissão, classificações que nos organizavam socialmente segundo o ciclo biológico.

> "NÃO TEMOS MAIS MODELOS A SEGUIR. VIVEMOS UM TEMPO DE REINVENÇÃO, EM QUE VAMOS QUEBRANDO CADA VEZ MAIS O QUE ERAM OS LIMITES DOS ANTIGOS MODELOS. ESSA É UMA ÉPOCA MUITO BOA. Giselle Groeninga, psicanalista, mestre e doutora em direito civil

O paradigma de hoje é outro: busca-se mais o conhecimento profundo do que a aparência, a experiência renovadora em vez do efeito cosmético fugaz. Na era de quebrar os limites, quando se está no apogeu, vamos em frente e continuamos assim. A curva vai ficando menos curva por efeito contagioso.

A nova mulher madura quer novos vínculos, novas vivências, liberdade de escolha. A psicanalista Giselle Groeninga chamou esse momento de "desabrochar", palavra no mínimo curiosa para essa fase da vida, que sempre esteve associada a "murchar". "A classificação de murchar era adequada à visão da vida como auge e depois decadência", explica. "Só que estamos vendo todos os limites superados, vamos usando novos conhecimentos e nos adaptando. Essa mulher está surpreendendo a todos e também está surpresa consigo mesma. E se pergunta: 'O que eu faço com essa liberdade toda?'"

Luiza Helena Trajano, 63 anos, presidente do Magazine Luiza, lidera o grupo Mulheres do Brasil, que reúne cerca de cem participantes de todos os tipos, desde pequenas empreendedoras de Paraisópolis, bairro popular de São Paulo, até as maiores empresárias do país. "O que mais me impressiona é a força de todas em busca de objetivos mais globais, sociais e políticos, que não são partidários. E eu percebo, nas mulheres maduras, bem-sucedidas e realizadas, um foco na busca de novos propósitos de vida. Elas querem outras atividades com uma visão social e holística, para ajudar. Elas já intuíram que precisam de outro sentido na vida para não ficarem ultrapassadas e de bengalinha. Um caminho que pode não ser tão acelerado mais, mas que é tão ou mais importante para a realização do que o atual."

“ANTIGAMENTE, EU ESTICAVA O MEU BRAÇO PARA TRÁS E TOCAVA MEU PASSADO. MAS, SE ESTICAVA PARA A FRENTE, NÃO TOCAVA O FUTURO. AGORA, É O CONTRÁRIO. ESTOU TOCANDO MEU FUTURO. ENTÃO, TENHO QUE FAZER, DESSE TEMPO QUE FALTA, UMA COISA MUITO BOA. Y., 67 anos, empresária

"Penso mais em mim ou nos outros? Essa é a pergunta que eu me faço", diz Chieko Aoki. "Com o passar do tempo, temos que pensar muito mais em retribuir à sociedade, às outras pessoas. Primeiro pensamos no desenvolvimento da carreira. Depois, temos que pensar em retribuir. Tudo é um ciclo."

A escritora Lya Luft bem descreveu em sua coluna na revista *Veja* a oportunidade que se abre a cada mudança de ciclo: "A vida inevitavelmente flui: nós somos isso. Ela é um ciclo: ciclos se abrem e se fecham, isso é viver. O fim de cada ciclo nos ajuda a pensar nas vezes em que fomos egoístas, grosseiros, fúteis, infiéis, ou quando não estivemos nem aí. Mas também lembramos os momentos em que fizemos o melhor que podíamos."

"Não posso dizer que tive carências na minha vida", diz Bruna Lombardi. "Ao contrário, tive excessos. Sempre fui muito olhada. Então procurei olhar os outros. Procurei partilhar, distribuir, ser generosa com os outros. Senão, os excessos acabariam me soterrando. A vida foi muito boa para mim, só tenho a agradecer."

Pensar no ciclo da vida também é analisar o nosso papel na sociedade. "Nós construímos a humanidade pelas escolhas que fazemos", diz Lia Diskin, 63 anos, fundadora da Associação Palas Athena, que promove a consciência de que é possível construir um mundo sem violência. "Se as escolhas que fazemos estão pautadas em um repertório que glorifica a competição, o individualismo e o narcisismo, então será uma base muito frágil. Precisamos de um amálgama, que não é visível nem mensurável, que é o interesse de uma pessoa pela outra, pelo que significa como ser humano, e não pelas vantagens que pode trazer. É a diferença que existe entre a ética da convivência e a ética da conveniência."

> “DE ONDE TIRAMOS A IDEIA DE QUE NÃO PRECISAMOS DO OUTRO? DE QUE SOMOS AUTOSSUFICIENTES? ISSO É UMA FANTASIA. PRECISAMOS DO COLETIVO PORQUE NÃO HÁ OUTRA MANEIRA DE SERMOS HUMANOS. NA MATURIDADE, CONSEGUIMOS COMPREENDER ISSO COM MAIS CLAREZA.
>
> Lia Diskin, 63 anos, fundadora da Associação Palas Athena

“Nós, mulheres maduras, com experiência de vida, temos uma transformação a fazer”, continua Lia Diskin, que fala de suas crenças com uma paixão que contamina. “Podemos usar todos os avanços da tecnologia, mas não podemos abrir mão do olho no olho, do tom da voz. É o que nos legitima como humanos. Temos que ensinar às crianças que a diferença de opinião é saudável e desejável. Nossa missão deve ser promover a diversidade, a interdependência, o coletivo.”

O médico Alexandre Kalache tem uma concepção visionária e apaixonante do mundo que devemos construir para que os trinta anos a mais que temos pela frente não sejam de velhice, mas trinta anos de vida.

“MAIS QUE REVOLUCIONAR A SOCIEDADE, TEMOS QUE REVOLUCIONAR O CURSO DA VIDA.

Alexandre Kalache, 69 anos, médico e presidente do Centro Internacional de Longevidade Brasil (ILC-BR)

A sociedade solidária que precisamos construir deveria se organizar de modo que os jovens tivessem uma educação de excelência, trabalho em tempo parcial e espaço para experimentar a vida sem culpa.

As mulheres deveriam ter uma previsão de tempo assistido financeiramente, e sem truncar a carreira, para terem filhos e fazerem a reposição da população, que está muito baixa e é extremamente necessária para o país.

Aos 40, 45 anos, todos teriam um tempo remunerado, previsto na organização das empresas, para tirar um ano sabático para estudar, se atualizar, se reinventar, pensar no que fazer na próxima metade da vida. Seria um ganho para as duas partes.

> “NÃO POSSO PENSAR QUE É UTÓPICO, TEMOS QUE BRIGAR. E AS MULHERES VÃO FAZER ISSO MUITO MAIS QUE OS HOMENS.
>
> Alexandre Kalache, 69 anos, médico e presidente do Centro Internacional de Longevidade Brasil (ILC-BR)

Devia estar previsto na organização da sociedade, e como responsabilidade do Estado, um tempo para cuidarmos de nossos pais, esses sim, no finalzinho de seu percurso. Hoje, isso não existe e é um impacto dramático, financeiro e emocional na vida dos *baby boomers*, especialmente para as mulheres que são esse alicerce nas famílias. Um estudo realizado na Universidade de Princeton, nos Estados Unidos, mostrou que as mulheres dispendem o dobro do tempo dos homens no cuidado com os idosos da família, mesmo quando são parentes da parte deles. No Brasil, não é diferente. Dr. Alexandre Kalache, que estuda a questão aqui e no mundo, garante: "As mulheres ficam com essa carga nas mãos delas, mesmo quando têm irmãos. Os homens simplesmente fogem dessa responsabilidade".

> "SOU VICIADA EM JUNTAR DINHEIRO. TENHO PAVOR DE REPETIR A VELHICE DEPENDENTE DOS MEUS PAIS. C., 63 anos, professora e pesquisadora

Entre minhas entrevistadas, uma boa parte delas já viveu ou está vivendo essa situação, cuidando de idosos doentes, totalmente dependentes. Com a própria vida em suspenso, temem repetir essa história com os filhos. "Não quero viver na dependência dos meus filhos, não quero que sofram com a minha degeneração", diz S., 54 anos, educadora e empresária. "Não imagino meus filhos deixando de aproveitar a vida para cuidarem de mim. Minha mãe mora comigo há 19 anos e isso acaba com a privacidade do casal. Penso em achar um lugar onde eu possa ficar bem cuidada, onde apenas desfrute de livros, TV, e que possa sair para passear de vez em quando."

Maria Eugenia Villarta, que está convivendo com o Alzheimer da mãe, reflete sobre essa possibilidade. "Eu não tenho medo. Se isso acontecer comigo, fará parte do ciclo natural da vida. Já disse para os meus filhos: eu tive uma vida plena e feliz. Só tenho a agradecer. Se ficar doente, não quero nenhum deles preso, cuidando de mim. Quero que me coloquem em um lugar em que eu fique bem cuidada e que sigam vivendo a vida deles."

Mas será que basta falar com os filhos sobre isso? O que vai acontecer realmente quando não estivermos mais com o controle?

A atriz Irene Ravache, 70 anos, que viveu um longo período acompanhando a doença da mãe, definiu com consciência e clareza essa questão: "Eu ainda não fiz uma coisa que sei que tenho que fazer, que é colocar no papel o que quero que seja feito comigo, caso eu fique com demência, ou que tenha uma doença que me deixe ligada em aparelhos. Decididamente, ficar ligada à vida artificialmente eu não quero. Primeiro, porque não é nada bonito. Segundo, porque é caríssima essa manutenção. O prolongamento da situação esfacela uma família. E acaba dando lugar ao pior pensamento que um filho pode ter em relação aos pais, que é desejar que eles morram. Eu quero poupar os meus filhos de terem esse pensamento. O filho se sente culpado. Tinha dias, ao lado da minha mãe, que eu me perguntava: 'Qual é a razão disso?' Não é justo, sobretudo para a pessoa. Se há recursos que a deixem bem, a gente entra como o Corpo de Bombeiros. Mas há muitos casos em que não é assim. Há trinta anos, a pessoa ficava doente e morria em casa, seguindo o ciclo da vida. É claro que temos que usufruir dos avanços da ciência, desde que façam sentido. Isso tudo me passa pela cabeça porque eu tenho dois filhos. E se na hora da decisão eles não estiverem de acordo? Seria um horror".

"NA HORA DE UMA DECISÃO TÃO DIFÍCIL, DE VIDA E MORTE, TEM QUE PREVALECER A MINHA VONTADE PORQUE ELA ORGANIZA A ANGÚSTIA DA FAMÍLIA. ENTÃO, TEMOS QUE DEIXAR POR ESCRITO.

Irene Ravache, 70 anos, atriz

Estudos mais recentes sobre o impacto de doenças mentais degenerativas nas famílias mostram a urgência da criação de políticas públicas de suporte aos filhos e demais parentes responsáveis (ver "5. O avanço da custosa demência", p. 304). Estados Unidos, Inglaterra, Austrália e Coreia do Sul já desenvolveram um plano político para lidar com o problema, que envolve melhorar o conhecimento sobre essas doenças, criar técnicas de diagnóstico cada vez mais precoces e implementar centros de tratamento onde os doentes possam passar o dia, além de formar uma rede de apoio às famílias. No Brasil, ainda não há nada nesse sentido. Aqueles que não podem pagar por cuidadores profissionais têm a sua vida profundamente afetada, muitas vezes em um período em que eles mesmos estão com a renda e a saúde reduzidas e precisariam ser cuidados.

Na maturidade, Dr. Kalache diz que precisamos de quatro capitais para envelhecer bem e não repetirmos os erros das gerações anteriores:

- CAPITAL VITAL: investimento na saúde;
- CAPITAL FINANCEIRO: poupança e previdência complementar;
- CAPITAL INTELECTUAL: educação continuada e atualização constante;
- CAPITAL SOCIAL: rede de amigos e apoio familiar.

"Governos de países desenvolvidos, liderados por Estados Unidos, União Europeia e China, precisam criar, em tempo recorde, um programa coordenado que permita o crescimento da expectativa de vida produtiva e saudável das gerações que estão perto da aposentadoria", defende o cientista Alex Zhavoronkov. "Fracassar nesse desafio poderá levar o mundo a experimentar várias décadas de declínio econômico e um possível colapso."

A URGÊNCIA DA CRIAÇÃO DE UM PROGRAMA COORDENADO DE COMBATE AO ENVELHECIMENTO NÃO É MAIS UMA INICIATIVA ALTRUÍSTA, MAS UMA REAL E VITAL NECESSIDADE ECONÔMICA. Alex Zhavoronkov, cientista que estuda os efeitos dos avanços da biomedicina e da medicina regenerativa na longevidade, em seu artigo "13 Reasons Why We Will Live Longer Than Our Parents", publicado pelo *Huffington Post*

"Todos nós, hoje, temos que pensar em novos modelos de vida. Não mais aquele dos velhos que vão para o asilo, nem dos velhos que ficam sozinhos", diz a psicanalista Giselle Groeninga. "Devemos rever a vida nas grandes cidades, outros modelos de moradia, de comunidade. Na Suécia, isso já vem acontecendo. Dez famílias vivem juntas, resgatam a noção de comunidade e se ajudam, um modelo que se contrapõe ao das grandes cidades. Então, é muito mais uma questão econômica dos nossos arranjos atuais, no qual uma pessoa estar sozinha é visto como se fosse um castigo."

"Precisamos cultivar novas competências e habilidades socioafetivas", defende Lia Diskin. "Podemos começar no próprio prédio onde moramos. Podemos ajudar um idoso que está sozinho, que não dependeria de assistência social porque teria essa rede de apoio na própria minicomunidade em que vive. O que seria até uma garantia para nós. Mas nós nem sequer conhecemos nossos vizinhos."

“NA JUVENTUDE SOMOS APRENDIZES, SOMOS AMADORES NA VIDA. NA MATURIDADE DEVÍAMOS SER BONS PROFISSIONAIS DO VIVER; LÚCIDOS E AINDA OTIMISTAS, MAIS SERENOS, DE UMA BELEZA DIFERENTE, PRODUTIVOS E COMPETENTES. Lya Luft, no livro *Perdas & ganhos*, 2014.

Segundo uma pesquisa feita durante 14 anos pela Universidade de São Paulo (USP), apenas 30% dos idosos envelhecem bem, sem problemas funcionais ou cognitivos, na megalópole paulista. A amostra, acompanhada pelo Projeto Saúde, Bem-Estar e Envelhecimento (Sabe), representa a geração que está em torno dos 80 anos, e mostra que ser ativo, não ter depressão ou outra doença mental, ter mais de quatro anos de escolaridade, convívio social e renda suficiente para viver com conforto são fatores determinantes para envelhecer bem e estar no grupo dos 30%.

Não basta apenas dinheiro. Entre as minhas entrevistadas, o desejo de ter uma vida social intensa e um grupo de amigos próximos e presentes apareceu como um fator crucial no sucesso da revolução do curso da vida que têm que empreender. Com um homem amado ao lado ou sem nenhum parceiro, ter uma rede de amigos é fundamental nessa fase da vida, para a saúde física e mental.

"Durante a semana, ficar uma noite em casa é uma coisa bem difícil", conta F., 65 anos, vice-presidente de empresa. "Tenho uma agenda intensa, com vários grupos distintos, diferentes tribos. Faço parte de algumas associações, e essas atividades acabam tendo um componente social. Nos finais de semana, quando não viajo, adoro receber em casa. Vivo organizando festas, mas os amigos cozinham. Eu só ajudo, não sou *expert.*"

"Depois que perdi meu companheiro de 20 anos, fiquei muito sozinha", conta B., 69 anos. "Até que uma amiga me convenceu a participar de uma reunião em sua casa. Toda sexta-feira, ela reúne um grupo grande de amigas, e eu fui muito bem recebida por elas. Passamos a estar sempre juntas. Ela sabe como agregar pessoas, e hoje somos mais próximas do que duas irmãs."

> “AS MULHERES TÊM MAIS AMIGAS, PREZAM MAIS AS AMIZADES. AMIGAS, AMIGOS, HÁ UMA EXPANSÃO DESSA REDE DE APOIO.
>
> Giselle Groeninga, psicanalista, mestre e doutora em direito civil

“Nessa idade, não precisamos de muitos amigos, mas poucos e bons, e é saudável que haja uma mistura de idades”, diz Y., 67 anos, empresária. “Mas, às vezes, encontramos um jovem, ele começa a falar e vem aquela sensação de *déjà-vu*. Já vi essa história, não tenho mais saco. Estamos tão seletivas que temos que ter cuidado para não acabarmos sozinhas.”

“Eu amo meus filhos, amo meus netos, mas eu quero envelhecer é com os meus amigos”, diz Irene Ravache. “Temos os mesmos interesses, vimos os mesmos filmes, ouvimos os mesmos discos, são as mesmas referências, não precisamos explicar. Temos um sítio em Cotia, perto de São Paulo, que tem 5 mil metros de terreno. Dá para fazer várias casinhas para os amigos e nós ficamos com a casa grande, onde nos reuniremos. É muito bom, muito bom quando estamos ao lado de amigos.”

“Vi uma reportagem na televisão sobre uma senhora de 94 anos, ativa, dirigindo seu carro e se dedicando a ajudar outros idosos como ela”, conta Maria Eugenia. “Na hora me deu um estalo. Meti na cabeça que não vou ficar doente e estarei aos 90 como ela. Vou encher a casa de Campos do Jordão com todas as minhas amigas velhinhas. Nós vamos nos divertir, agitar, dançar, comer e beber. Tem muita gente que vou carregar junto nesse sonho.”

Os amigos são a nova família.

SER DESOBEDIENTE É PARA SEMPRE

Ativismo e a luta por direitos civis está no DNA dessa geração. Lutamos pelo controle do nosso corpo, por chances iguais na carreira, pela independência financeira, pelo divórcio e a chance de recomeçar, pelo fim da ditadura e pela volta das eleições livres. As novas gerações não foram forjadas nas mesmas dificuldades, encontraram muita coisa pronta. Nossa tarefa ainda é grande. Nesse momento, não precisamos mais ser desobedientes por nós mesmas, mas para combater os abusos absurdos que ainda persistem em relação a muitas outras mulheres.

> "TEMOS QUE PENSAR NAS REVOLUÇÕES QUE AINDA PRECISAM SER FEITAS. AS MULHERES DESSA GERAÇÃO AINDA TÊM RESPONSABILIDADES. NÃO PODEM SE APOSENTAR, PRECISAM CONTINUAR A REVOLUÇÃO. HÁ MUITO POR FAZER. Giselle Groeninga, psicanalista, mestre e doutora em direito civil

Há uma revolução da longevidade em curso, que é saber que, aos 40, 50 anos, não estamos no fim, apenas na metade. Mas isso ainda não está introjetado. Como diz o Dr. Alexandre Kalache, a revolução só vai se dar no momento em que essa consciência acontecer automaticamente no jovem. O impacto da longevidade é retroativo. As implicações de viver até os 90 anos têm que começar a ser pensadas aos 18 anos.

As mulheres dessa geração sempre lutaram para ter seus direitos reconhecidos. Os idosos não têm seus direitos reconhecidos. Até o Papa Francisco se manifestou a respeito em seu discurso na Praça de São Pedro, dizendo que abandonar os idosos era pecado mortal. "As pessoas de idade avançada não são marcianos", alertou a multidão. "O número de idosos se multiplicou, mas em nossas sociedades eles não são respeitados." E criticou as novas gerações por ainda considerarem a velhice como uma doença.

No Brasil, a consciência de que a sociedade está envelhecendo e precisa de políticas públicas avançadas para proteger seus idosos ainda engatinha. Não é surpresa, portanto, que o país ocupe o 58º lugar no Global AgeWatch Index, um *ranking* feito pela organização britânica HelpAge, que mediu dentre 96 países quais são os melhores e os piores para os idosos morarem, segundo quatro parâmetros: segurança de renda, saúde, capacidade pessoal e ambiente social favorável (ver "6. Como o Brasil e o mundo tratam seus idosos", p. 304).

O estudo demonstra que ter uma renda confortável na velhice, com boas pensões públicas e privadas, aparece como fator-chave para galgar postos no *ranking*. E o Brasil precisa de um choque cultural, financeiro e político para alterar esse quadro. Nós podemos liderar esse combate por mudança porque já temos o *know-how* da luta. Temos que lutar pelos direitos dos idosos, contra a violência que ainda atinge as mulheres em níveis intoleráveis, contra a diferença salarial que ainda persiste, contra o racismo, a homofobia... Luta não falta!

O número de assassinato de mulheres em 2013 cresceu 20,67% em relação ao ano anterior, segundo dados do Dossiê Mulher 2014, lançado pelo Instituto de Segurança Pública. Oito anos depois da bem-vinda Lei Maria da Penha, criada para levar à justiça homens que cometem violência contra a mulher, os números ainda são assustadores. Provavelmente porque cresceu o número de denúncias depois que as mulheres entenderam que agora havia um amparo legal. A violência sexual denunciada pelo 180, segundo a Secretaria de Políticas para as Mulheres, aumentou 40% em 2014 em relação ao ano anterior. Os números impressionantes só mostram a gravidade da questão e o quanto ainda está enraizado na sociedade o machismo mais retrógrado.

> “INDEPENDÊNCIA FINANCEIRA SIGNIFICA LIBERDADE, MAS AINDA TEMOS MUITAS COISAS A REVER EM RELAÇÃO À DISPARIDADE SALARIAL ENTRE HOMENS E MULHERES. E AINDA TEM O VALOR DO TEMPO DO TRABALHO DA MULHER COM A CASA E OS FILHOS, QUE NÃO CONTA. SE FOSSE CONTABILIZADO, DARIA UM VALOR ALTO. Giselle Groeninga, psicanalista, mestre e doutora em direito civil

De fato, a desigualdade é impressionante. No Brasil, segundo um estudo do Banco Interamericano de Desenvolvimento (BID), a diferença salarial entre homens e mulheres da mesma idade e com nível de instrução equivalente ainda é de inadmissíveis 30%, uma das maiores disparidades entre os países latino-americanos (ver "7. O *ranking* da desigualdade", p. 305). É surpreendente que, em fevereiro de 2015 do século 21, a atriz Patricia Arquette ainda tenha que usar o seu discurso de agradecimento, ao ganhar o Oscar de melhor atriz coadjuvante pelo filme *Boyhood* como um manifesto em defesa de salários iguais para mulheres e homens. E ela estava falando dos Estados Unidos, um dos países mais ricos do mundo. No Brasil, o problema é ainda mais grave. "Aqui, temos uma terra de amazonas, que são mulheres corajosas. Um terço dos lares são gerenciados e mantidos só por mulheres", diz a psicanalista Giselle Groeninga.

Minhas entrevistadas estão mobilizadas em deixar um quadro melhor para as novas gerações. "Nos últimos anos, tenho tido a preocupação de contribuir para que a mulher tenha um papel e um reconhecimento na sociedade similares aos dos homens", diz F., 65 anos, vice-presidente de empresa. "Fundei núcleos de executivas para discutir o assunto e espero deixar um legado para as mais jovens." "Continuo criando uma nova história para as mulheres", diz Y., 67 anos, empresária. "Na minha empresa, quase 70% são mulheres. Misturamos idades, a *expertise* com a energia da juventude. Esse *mix* é bom para todos."

“NOSSA GERAÇÃO CRIOU ISSO, ESSA LIBERDADE PARA AS MULHERES, E TEMOS QUE CONTINUAR LUTANDO, PORQUE SOMOS LIVRES.

Yoko Ono, em entrevista concedida aos 80 anos, para a jornalista Carol Nogueira, da revista *Serafina*, da *Folha de S. Paulo*

"A maior conquista das gerações passadas foi tornar a mulher um ser tão valorizado quanto o homem", resume Carmita Abdo, 65 anos, psiquiatra, pesquisadora e professora da Faculdade de Medicina da USP. "Colocamos a mulher à altura de seu parceiro, em todas as circunstâncias. Somos pares, não mais subcategorias. E partimos de tão longe: não votávamos, não éramos cidadãs. Ao derrubar essas barreiras, mudamos uma realidade. As novas leis viraram fato. Essas gerações alcançaram um novo sentido à condição feminina."

> **"O GRANDE PERIGO É NOS HABITUARMOS À LUTA, ESQUECENDO DE USUFRUIR O QUE CONQUISTAMOS.**
>
> Carmita Abdo, 65 anos, psiquiatra, pesquisadora e professora da Faculdade de Medicina da USP

"A guerreira tem que relaxar e dar vez àquelas que a vão suceder. Equilíbrio e mais qualidade de vida são as novas metas dessa eterna ativista. Sem sair de cena, vamos celebrar as coisas boas que criamos, enquanto estamos assim, inteiras. Não precisamos mais provar que somos necessárias. Há muitos jeitos de dizer 'estou aqui!'", alerta a Dra. Carmita Abdo.

Mesmo sem liderança e organização formal, a revolucionária geração que está fazendo a transição entre dois mundos se move de forma coesa, guiada pela intuição e a coerência de uma vida inteira de rebeldia, na direção de um novo modelo de envelhecimento, reescrevendo a própria história para os próximos trinta anos e mudando os valores da sociedade.

UM NOVO SENTIDO PARA A MATURIDADE

Quando perguntei às minhas entrevistadas como imaginariam a vida daqui a cinco anos, a resposta foi a mesma: muito parecida com a de hoje. Mas mudar o ritmo, encarar os desafios com mais leveza, ter mais tempo para si mesmas e buscar mais prazer na rotina do dia a dia são desejos unânimes, sobretudo quando enxergam o curso da vida em um prazo mais longo.

Há uma preocupação muito grande com a qualidade do tempo que estão vivendo, com o sentido maior que está por trás de tudo, o que consideram uma responsabilidade própria, não está nas mãos de mais ninguém. "Sempre achei a expressão 'melhor idade' uma hipocrisia, até descobrir que era verdade, porque é melhor do que tudo que vem depois", diz a terapeuta Lidia Aratangy, 74 anos. "Então, se o hoje é melhor que o amanhã, aproveita esse hoje!"

> "AS MULHERES QUE FIZERAM A REVOLUÇÃO FEMININA NÃO COMPRARAM ESSE MODELO DE QUE A VIDA ACABOU COM A MATURIDADE.

QUEBRARAM ESSE RESSENTIMENTO PARA BUSCAR OUTROS SENTIDOS NA VIDA. A MULHER ACREDITA MUITO NO SENTIDO DA VIDA.

Giselle Groeninga, psicanalista, mestre e doutora em direito civil

"Daqui a cinco anos, estarei com 80", diz Costanza Pascolato. "Mas não fico pensando nisso a ponto de me afetar. Nunca fui movida por grandes sonhos. A vida foi acontecendo e eu fui criando curiosidades que me movem para a frente. Eu sempre me preocupei em escrever sobre a vanguarda, mas hoje não existe mais vanguarda. Tudo ficou careta. Então, passei a me preocupar com o comportamento das novas emergências mundiais. Quero conhecer melhor o Brasil, mas também quero viver mais lá fora. Ainda há muito para ver, e eu gosto de ver *in loco*. Nem penso em desacelerar. Estou sempre tendo ideias novas. Talvez em algum momento me peçam menos coisas, mas sempre vou inventar outras." E inventa mesmo. A série *Costanza&Marilu*, que estrela no YouTube com a amiga Marilu Beer, artista plástica, é um enorme sucesso exatamente porque as duas mostram o quanto é deliciosa a liberdade absoluta que a maturidade traz e como o bom humor é fundamental nessa fase da vida.

> ENVELHECER DEVIA SER BOM. A GENTE GANHANDO MAIOR ACORDO CONSIGO MESMO.
>
> João Guimarães Rosa (1908-1967), na novela *Buriti*

"A história da mulher dessa geração é muito longa, sempre uma biografia movimentada e extensa", diz a geriatra Maristela Soubihe. "E o que é mais marcante para mim é que todas as etapas foram resolvidas. Quando ela estava em determinada fase, viveu todos os desafios até o fim e seguiu adiante, passando para uma nova etapa. Mesmo se algo deu errado, consertou e foi em frente, sempre se reinventando."

"A meditação, o livre-pensar, refletir sobre questões maiores que nos apontem o sentido da vida é um jeito de se preparar para o que vem pela frente", continua Costanza Pascolato. "Eu sei que sou velha. Até uso, com um pouco de malandragem, o argumento 'eu sou velhinha' como uma ótima desculpa para falar francamente o que eu penso e me recusar a ouvir aquilo que considero besteira. Como diz o Ruy Castro, estou na fase do sincericídio. Não tenho mais paciência nem tempo para ouvir bobagens. Corto logo. Nessa idade, temos a noção de que o tempo ficou curto."

“SINTO QUE NESSA FASE DA VIDA ESTOU ME TORNANDO QUEM EU DEVERIA TER SIDO A VIDA INTEIRA. Jane Fonda, 77 anos, atriz, no seu livro *O melhor momento*, 2011

“Hoje, buscamos qualidade de vida e isso tem a ver com novos modelos de satisfação”, diz a psicanalista Giselle Groeninga. “Não é a busca do prazer, mas da felicidade. E a felicidade não é um prazer concreto, mas a alegria de poder contar com seus próprios recursos e se realizar nos diversos campos.”

Martin Seligman, psicólogo, escritor e criador do conceito de psicologia positiva, que propõe focar na sanidade em lugar da doença mental, defende que a busca pela felicidade tem que passar pela noção de bem-estar geral. Para ele, somos felizes quando abraçamos os cinco fatores PERMA, sigla em inglês para emoções positivas, engajamento, relacionamento, significado e realização. Ou seja, devemos pautar a vida por uma visão generosa, pelo comprometimento com situações e atividades, por relacionamentos positivos, pela busca de bons propósitos e pela conquista dos objetivos propostos.

Enquanto conversava com minhas entrevistadas sobre como gostariam que fossem os próximos cinco anos, ficava pensando em como eu gostaria que fossem os meus, o que me faria feliz. Uma vida mais simples era o primeiro pensamento. Não correr tanto, não acordar tão cedo, não viver antecipando problemas que talvez nunca aconteçam, não fazer coisas que não gosto. Trabalhar, sim, que significa vida para mim, mas sem estresse, do jeito e na hora que eu quero, não como os outros impõem. E isso não significa trabalhar pouco. Viver um dia depois do outro, escrever muito, ler muito, estudar muito, aprender coisas novas todos os dias, fazer projetos que desafiem a cabeça (não o corpo!). E andar mais descalça na praia na hora do pôr do sol. Nem tudo isso é possível, porque não existe vida perfeita. Problemas vão continuar a aparecer e terão que ser resolvidos. Mas podem ser ótimos propósitos que perseguirei nos próximos anos: almejar um estado geral de tranquilidade e prazer temperado com pitadas de produtiva efervescência mental, enquanto incentivo e assisto à minha filha voar e brilhar.

Felicidade, que na filosofia indiana é chamada de estado de *santosha* ou bem-aventurança, nada tem a ver com bens materiais, como explica Márcia De Luca. "O desapego é o segredo da felicidade. Você está bem porque é, não porque espera alguma coisa em troca. É saber se conectar com um campo de luz interior, que é a plena potencialidade. Na verdade, vivemos em um quarto escuro."

> "PRECISAMOS CELEBRAR A VIDA, ENTENDER A IMPORTÂNCIA DAS COISAS SIMPLES. A MATURIDADE É ABENÇOADA PORQUE NESSA FASE SOMOS MUITO MAIS CAPAZES DE ENXERGAR ESSE BRILHO INTERIOR QUE É A VERDADEIRA BELEZA.
>
> Márcia De Luca, 63 anos, estudiosa de ioga, meditação e Ayurveda

Sabedoria também é ter uma visão realista. "Ninguém gosta de ser velho, não adianta colocar falso brilho na realidade", diz a empresária Chieko Aoki. "Envelhecer é estar mais perto da morte. Mas o olhar tem que ser outro. Se chegamos aqui é porque não morremos cedo. Tanta gente morre jovem. Então, temos que agradecer ter chegado até aqui. Temos que saber aceitar e transformar esse tempo que vem para todo mundo não como uma agressão a si mesma, mas como um ciclo necessário. A velhice é um privilégio."

"A mulher é muito mais realista que o homem. A mulher vê a realidade da vida todos os dias. O homem só percebe um dia que a vida passou. É mais difícil para os homens porque eles têm um ego maior", explica Chieko. "O ego atrapalha muito a vida da gente, sobretudo quando se é um alto executivo. Todo mundo faz você se sentir importante. E, na verdade, não é importante o que as pessoas pensam de nós. Você vale o que você sabe que vale, não o que os outros acham que você vale. Só que a gente acaba se enganando. Por isso, antes de a maturidade chegar, devemos começar uma desaceleração do ego. O bom é que a sociedade está mudando. Em uma sociedade menos desigual, o ego perde importância."

> "DESACELERAÇÃO DO EGO É SABER SAIR DO PALCO. É ENTENDER QUE O HOLOFOTE NÃO VAI MAIS ESTAR EM VOCÊ. E A GENTE SÓ PERCEBE ISSO COM A IDADE. Chieko Aoki, 66 anos, presidente da rede Blue Tree Hotels

"Será que, para eu existir, preciso ter um holofote em mim?", concorda a jornalista Regina Guerreiro, 74 anos. "Eu não acredito nisso. Tem uma hora em que a gente não precisa mais aparecer. Se desde o início você teve a lucidez de saber que os holofotes são temporários e aleatórios, sabe que nesse momento de sair do foco é hora de voltar para si mesma. O problema é que você tem que ter uma você para voltar."

Betty Prado, modelo brasileira que brilhou nas passarelas internacionais nos anos 80 e 90, chega aos 52 anos e mostra em entrevista a Gilberto Júnior, para o caderno "Ela", de *O Globo*, que encara com a maior tranquilidade o processo de envelhecimento: "Não é o fim do mundo. Tenho um espírito muito moleque, meio Peter Pan. A idade não pega. Nunca parei para pensar que tenho 52 anos. Por outro lado, se a modelo não planeja a transição para outra carreira, ela 'morre'. Nosso ego é massageado o tempo inteiro, tudo que importa é a nossa beleza. E, de repente, você começa a perder isso. E o que fica? É uma viagem para dentro. E se nada for encontrado, é um precipício".

Não se preocupar muito com a idade pode ser um dos fatores que mais influenciam a longevidade. Ao não focar nela, nossa percepção da própria idade fica mais leve e traz benefícios. É o chamado "espírito jovem", que não pode mais ser considerado um clichê depois que uma pesquisa britânica, publicada na revista *JAMA Internal Medicine*, editada pela American Medical Association, mostrou: pessoas que se consideram pelo menos três anos mais jovens do que a idade cronológica têm menores taxas de mortalidade se comparadas àquelas que se acham mais velhas do que realmente são. O estudo, que levou oito anos para ser concluído, provou que a autopercepção positiva da idade refletia maior bem-estar na velhice, mesmo entre aqueles que tinham passado por alguma doença grave. São pessoas que se cuidam muito, são resilientes, têm amigos de todas as idades e estão sempre envolvidas em múltiplas atividades. Se levarmos em conta que a geração que pesquisei não liga para o número que está na carteira de identidade, se o estudo estiver certo, essas mulheres terão, então, vida eterna!

"Quando chegamos ao outono da vida, diz a Ayurveda, devemos mudar também nossa relação com o trabalho", explica Márcia De Luca, 63 anos, estudiosa do assunto. "Estamos no final do nosso mandato e temos que passar o bastão daquelas coisas operacionais e chatas, e mergulhar dentro de nós, procurando outros significados. Aos 60, entramos no período *Vanaprashta*, quando devemos abrir mão das obrigações mundanas

“EU NÃO TENHO MEDO DA MORTE, NÃO. ESTOU MUITO OCUPADA PARA PENSAR NELA.

Yoko Ono, em entrevista concedida aos 80 anos, para a jornalista Carol Nogueira, da revista *Serafina*, da *Folha de S. Paulo*

para ganhar mais tempo para a reflexão. Temos que sair da correria e descobrir o *dharma*, que é o 'dom', aquilo que fazemos de melhor, que é a nossa razão no mundo e que vai fazer diferença para a comunidade. Desenvolver o dom é uma tarefa para a vida inteira. Mas, aos 60, temos que fechar o foco nele. Tem gente que não descobre e é infeliz. Não devemos parar, mas mudar o foco e criar um novo sentido para a vida."

"Nós somos uma geração privilegiada que está vendo uma transformação na visão do dinheiro", continua Chieko Aoki. "Hoje, tem muita gente criando riqueza pelo prazer de criar riqueza e não pelo prazer de fazer dinheiro, apenas. Em uma visão macro, há hoje mais preocupação com a sociedade do que com o indivíduo. Nós, que estamos ficando mais velhos, nos perguntamos: 'Como vamos contribuir?' O tempo que falta está ficando muito curto."

> **"A VELHICE NÃO ESTÁ SEPARADA DO RESTO DA VIDA QUE A PRECEDE: É A CONTINUAÇÃO DE NOSSA ADOLESCÊNCIA, JUVENTUDE, MATURIDADE. REFLETE A NOSSA VISÃO DA VIDA E MODIFICA A NOSSA ATITUDE EM RELAÇÃO A ELA.**
>
> Norberto Bobbio (1909-2004), filósofo, jurista e escritor, em seu livro *O tempo da memória: De Senectute e outros escritos autobiográficos*, 1997

"Focar no *dharma* também é viver de maneira ética", explica Márcia De Luca. "Tem que ter retidão, viver dentro da verdade, não pode deslizar. Não é o corpo, não é o dinheiro, não são os bens, mas algo muito maior. Quando você vive dentro do seu propósito, a abundância vem porque o universo conspira a seu favor. Já produzimos muita riqueza e ganhamos dinheiro. Depois dos 60, no *Vanaprashta*, devemos passar o controle da riqueza para os filhos. Existe um ritual indiano que marca essa passagem e dá as bênçãos para o novo caminho. Eu fiz isso no meu aniversário de 60, passei tudo para o controle das minhas filhas. Mantém o fluxo da energia em movimento. E marca o momento de ajudar os outros."

Depois de vinte anos trabalhando na empresa que tem em sociedade com o marido, Maria Eugenia está no momento de repensar as prioridades e passar o bastão. "Começo a diminuir o ritmo e a abrir lugar para um de nossos filhos. Estou vivendo uma passagem, olhando para o futuro e para tantas coisas novas que quero aprender. Quero pensar mais no lado espiritual, na busca de novos valores. Está tudo muito áspero, seco. As pessoas não estão vendo isso. Não estão exercitando a sensibilidade. Eu deixo a minha intuição falar. Eu escuto."

"A MATURIDADE
É UM DESPERTAR
PARA OS VALORES
REALMENTE
IMPORTANTES
DA VIDA. VALORES
QUE SEMPRE
EXISTIRAM E
A GENTE NÃO
ENXERGAVA. Chieko Aoki, 66 anos,
presidente da rede Blue Tree Hotels

"Este é o meu momento mais forte como pessoa", diz Regina Guerreiro. "Passei por altos e baixos, enormes perdas financeiras, a morte de um grande amor, um câncer e um longo período de depressão, um verdadeiro apagão. Tive que lutar muito para encontrar um motivo para continuar. Mas passou. E considero esse momento grandioso porque ele me permite enxergar quem eu fui na infância, na adolescência, na vida adulta e qual foi a soma de tudo isso. E o resultado é que me sinto uma pessoa melhor hoje. E o que pode ser mais importante do que se sentir uma pessoa melhor? Ganhei em generosidade. Hoje sou uma pessoa muito mais generosa do que sempre fui. Sou infinitamente menos crítica e mais compreensiva. Vejo muito mais o outro do que eu tinha o hábito de ver na minha feérica juventude. Nessa fase, não pensamos em ser mais poderosas ou mais lindas, porque são coisas passageiras e rasas. O importante é você gostar da sua alma. Sair do holofote e ainda assim se sentir uma pessoa melhor."

Existe na antroposofia a verdade dos nove setênios, e na numerologia o número 9 significa encerramento de um ciclo, lembra Christina Carvalho Pinto, estudiosa do assunto e praticante de artes marciais chinesas. "A antroposofia entende o ser humano através dos seus setênios. Cada um deles tem um significado, mas, quando completamos nove setênios, aos 63 anos, a minha idade hoje, vivemos a grande libertação, quando completamos todo o ciclo do fazer."

Ocupando uma posição de prestígio em uma multinacional, a diretora de comunicação D., 60 anos, também já se imagina em um novo momento. "Para os próximos anos, planejo uma vida mais simples, sem trabalhar, com tempo para ler, escrever, estar perto dos amigos e da família." Cada uma de nós procura a sua medida, o seu ritmo, o que traz equilíbrio e felicidade. Estamos em movimento, em transição. A única coisa certa é que somos donas do nosso destino.

> “ESTOU PLANEJANDO DESACELERAR SÓ LÁ PELOS 75, AÍ, ENTÃO, COMEÇAR A APROVEITAR MAIS A VIDA. AINDA QUERO VIAJAR MUITO! Y., 65 anos, empresária

“Minha mãe, na minha idade, era bem velhinha. Era uma geração que envelhecia muito rápido, física e mentalmente. Sei que posso estender isso. Me sinto muito bem. Sei que não serei caseira nem aos 90. Sempre vou querer ter muitas atividades, meu espaço”, diz F., 65 anos, vice-presidente de multinacional.

De onde vem a força inesgotável que encontrei em minhas entrevistadas? Vem da capacidade de administrar conflitos e tensões e manter uma vitalidade gerada exatamente nesse embate. “Desde os primórdios do mundo, desde que o primeiro ninho teve que ser defendido dos predadores, existe uma tensão que está na origem da evolução entre o indivíduo e o coletivo”, explica Ricardo Guimarães. “Se você prioriza o coletivo em lugar do indivíduo, se ferra. Se prioriza a si mesmo e não considera o coletivo, está fora do jogo. O coletivo quer te submeter e você quer desobedecer. A tensão é necessária para criar um equilíbrio, nesse conflito que nunca se resolve.”

“Outro conflito que provoca tensão se superpõe a esse,” continua Ricardo. “O nosso corpo é programado para conservar, para gastar o mínimo de energia e atender às suas necessidades. Na outra ponta, temos a alma, o seu oposto. Ela quer experimentar, quer coisa nova, quer evoluir. Para fazer isso, entra em risco o tempo todo. Há um conflito entre o corpo que quer conservar e a alma que quer experimentar. O bem gerenciar da vida é administrar essa tensão entre o indivíduo e o grupo, entre o corpo e a alma."

"Quando envelhecemos, a tensão entre corpo e alma cresce absurdamente porque o corpo tem menos recursos e a alma quer ir longe", explica Ricardo. "Temos, então, que entrar em contato com a intimidade do corpo para saber o que ele ganha quando perde algumas competências. Para que ele serve agora? Se aqui fechou, o que vai abrir? Isso é se dar conta da complexidade da vida."

> "NA MATURIDADE, A ALMA VAI PASSAR A DOMINAR. COM MENOS RECURSOS FÍSICOS, TEREMOS QUE FAZER MUITO MAIS. ADMINISTRAR ESSA TENSÃO É TUDO DE BOM. VIVER É ADMINISTRAR A TENSÃO VITAL ENTRE O LIMITE E O DESEJO.
>
> Ricardo Guimarães, 66 anos, empresário e consultor de branding na Thymus

Percebi a tensão vital pulsando nelas o tempo todo, fazendo a alma se expandir. Muitas visões diferentes, umas mais práticas e objetivas, outras com um jeito mais espiritual de ver a vida, mas, na verdade, todas dizendo a mesma coisa, revelando os mesmos desejos. Essa convergência me impressionou especialmente ao longo de nossas deliciosas conversas. Tão diferentes e tão iguais.

"As pessoas me perguntam: 'Como você faz tantas coisas ao mesmo tempo?'", diz a terapeuta Elizabeth Monteiro. "Eu faço projetos de curto, médio e longo prazo. Faço projetos na vida pessoal e na vida profissional. Estou sempre tendo ideias novas, eu vivo de projetos." E saber equilibrar realisticamente o que pode ou não levar adiante é o segredo desse delicado processo.

"Feliz é quem enxerga a realidade e não mente para si mesma", diz Chieko Aoki. "Temos que ter consciência do momento em que estamos. Não vamos mais ter a pele dos 18 anos, mas ninguém merece nos ver enrugadas e maltratadas. Eu me cuido muito. Ninguém merece também gente que só fala 'não'. Quando me perguntam se estou bem, estou sempre bem. Leio muito, mantenho a curiosidade, acompanho o que acontece no mundo. Convivo com pessoas mais jovens, estou sempre pronta para tudo. Mas também é necessário saber a hora de chegar e sair. Meu princípio de vida é não ser amarga. Todo mundo gosta de gente alegre."

> "DESACELERAR O RITMO OU NÃO
> É UMA QUESTÃO DE ESTILO.
> EU SOU ACELERADA O TEMPO TODO
> E VOU CONTINUAR ASSIM.
> MAS AS PRIORIDADES MUDARAM.
> E ISSO É MUITO BOM. Chieko Aoki, 66 anos, presidente da rede Blue Tree Hotels

"Eu fui a única mulher da minha família que chegou a uma posição de diretora em uma grande empresa", conta P., 56 anos, ex-executiva e hoje empresária. "Por isso, não fui muito entendida quando disse que estava planejando a saída. Minha filha teve medo de que eu quisesse ficar em casa sem fazer nada. Mas não, estou começando um negócio próprio, estou cheia de planos, nem penso em parar tão cedo."

O desejo de desacelerar é relativo. Às vezes, parece um discurso para responder a cobranças externas, da família e dos amigos. Na verdade, aposto mais em um desejo de mudança de rota do que propriamente de velocidade ou intensidade. Tenho a sensação de que vão levar a vida em frente a mil por hora, cheia de desafios, corrida, vibrante e muito, muito prazerosa.

O ciclo biológico não dita mais a vida.

A consciência de que o tempo está ficando curto mostra a urgência de realizar os sonhos que ficaram pelo caminho. Mas é um sentimento muito realista, focam naquilo que pode realmente acontecer, não significa fantasiar sem agir. Elas aplicam nesse planejamento todo o talento desenvolvido a vida inteira como profissionais e gestoras e se deixam inundar pela alegria dessa realização.

Estudar outra vez, desenvolvendo novas competências e habilidades, passa a ser vital como atualização e um prazer renovador. Vale tirar um ano sabático de autoindulgência ou abrir uma filial da empresa no exterior. Vale voltar para a faculdade ou construir a casa dos sonhos. Desafiam a si mesmas. Mas cuidadosamente.

“NÃO BASTA OLHAR PARA A FRENTE. PARA TRANSFORMAR SONHOS EM PROJETOS VIÁVEIS, É NECESSÁRIO OLHAR PARA DENTRO. TER SABEDORIA PARA DESCARTAR OS SONHOS QUE FICARAM VELHOS, RECONHECER OS QUE SE TRANSFORMARAM E QUAIS SÃO OS DE AGORA. Lidia Aratangy, 74 anos, terapeuta de casais e escritora

“Eu tenho muitos sonhos. Já faz tempo que todo fim de ano defino sete sonhos para realizar no ano seguinte. Normalmente, consigo realizar quatro a cinco deles. Na revisão anual, em geral tiro alguns porque não são mais importantes e vou acrescentando outros”, revela F., 65 anos, vice-presidente de empresa.

“Acho importantíssimo mudar, ter o prazer de mudar o foco na maturidade”, diz Regina Guerreiro, que faz atualmente uma deliciosa série no YouTube, chamada *Enjoy*, que nos dá o privilégio de aprender com seu imenso conhecimento e cultura. Mas ela quer mais: “Passei por enormes perdas, fiquei doente, mas sobrevivi. Agora, quero ler os livros que ainda não tive tempo de ler, quero ver os filmes que não vi, quero organizar saraus de poesia, tanta coisa ainda por fazer”.

“A MINHA LIBERDADE, HOJE, DE PLANEJAR O MEU PRÓXIMO MOMENTO, EU SABOREIO INTEIRA. NÃO PODEMOS PEGAR CARONA NO PASSADO. AGORA, É TODO UM REINVENTAR, UM REFAZER, UM REOLHAR. TEMOS QUE TER ALGO NOVO A DIZER.

Regina Guerreiro, 74 anos, jornalista especializada em moda e estilo

"Acabo de deixar a vida corrida de uma grande corporação e montei um negócio próprio", conta P., 56 anos, empresária. "Estou reorganizando totalmente o meu tempo, abrindo mais espaço para os prazeres culturais, cursos, palestras. Quero estudar francês, abrir a cabeça, exercitar a criatividade. Sei que isso será muito benéfico também para meu novo papel de empreendedora."

"Eu sou muito curiosa e quero estar sempre fazendo coisas novas", conta Costanza Pascolato. "Quando preciso escrever sobre algo, faço uma pesquisa profunda, mergulho no assunto, pergunto por que, por que, por que. Ainda tenho muitas coisas para fazer e aprender nesse universo em que eu atuo e que vai muito além da moda, é uma tradução do comportamento de uma época. E isso me fascina. Me envolvo com tudo que me chama a atenção." Como Costanza, estou exatamente nessa fase de mergulho em temas que me interessam. Enquanto termino este livro, já estou pesquisando os dois próximos da lista. A cabeça ferve!

> "A ALIENAÇÃO EMPOBRECE O CÉREBRO. A ALIENAÇÃO ENVELHECE MAIS RÁPIDO.
>
> Maristela Soubihe, 44 anos, geriatra e clínica geral

Os sonhos são os mais variados. Para uma atriz famosa e requisitada, como Irene Ravache, é passar um tempo com o marido em uma pequena cidade no sul da França, com uma rotina simples de fazer compras na feirinha da praça e cozinhar, como as donas de casa locais. Os planos já estão em andamento, para depois de uma temporada teatral em Portugal. "Vou ter a oportunidade de conversar em francês, que não pratico aqui, e morar em um lugar pequeno, que eu vou ser capaz de arrumar sozinha. Além disso, vai ser muito bom ser só um casal de novo. Vamos voltar renovados."

Bruna Lombardi diz que tem "montes" de sonhos, entre eles até estudar japonês. Pelo menos, é um deles nesse momento. "Sonhos precisam ser constantemente reavaliados", explica Bruna. "Para mim, com uma visão ampla, sonho é ter ainda pela frente uma longa trajetória criativa a realizar. Estou sempre agitando, criando, renovando."

> "O GRANDE LUXO QUE EU TENHO NA VIDA É FAZER O QUE EU GOSTO E VIVER DISSO. MAS ESSA BUSCA REQUER MUITA COERÊNCIA NO CAMINHO.
>
> Bruna Lombardi, 62 anos, atriz, produtora e diretora de cinema

"Tenho que olhar para o lugar certo porque a vida é cheia de tentações e desvios", continua Bruna. "Você tem que saber onde está a sua energia, qual é o caminho que tem que traçar e ter a certeza de que ele é absolutamente coerente com você."

"Quando a verdadeira Terceira Idade chegar para essa geração, porque ainda não chegou, será totalmente diferente do que sempre foi", diz a geriatra Maristela Soubihe. "Eu não sei como vai ser a vida delas aos 80. Pode ser que entrem em pânico. Mas existe nelas uma grande diferença em relação às que têm 80 hoje quando tinham 60, que é o fato de estarem resolvidas, sem frustações, mas também sem fantasias. É tudo muito sólido, realista, não vejo mulheres delirantes, fantasiando coisas. É tudo preto no branco. Tenho consultório há 15 anos. Dá para perceber nitidamente. A mulher madura que entrava aqui antes, hoje não é mais a mesma. De velhinha frágil não tem nada."

Às vezes, me pego imaginando como será quando tiver 80. Só consigo me ver muito ativa, cheia de curiosidades, interesses e coisas para fazer. Quero estar criando um novo padrão para os 80, que inspire a minha filha e toda a sua geração. Quero ouvir ela dizer: 'Mãe, quero ser você aos 80'. Aí, vou ficar muito feliz!

"O universo trabalha com trocas, com mecanismos de compensação", explica Márcia De Luca. "A mulher jovem, mais atraente e sedutora, está na fase de procriar. Nós, mais velhas, não procriamos mais, porém adquirimos uma capacidade de compreensão das coisas muito maior. Seria totalmente injusto para as jovens que, além dessa sabedoria, mantivéssemos a atratividade da juventude. É uma compensação. Perdemos em sensualidade física e ganhamos em sensualidade cósmica. Nessa fase, devemos fazer uma transição do corpo para a mente, o espírito, o universo, o cosmo. Se a mulher consegue fazer isso, é o maior presente que pode dar a si mesma."

“O CORPO TEM PRINCÍPIO, MEIO E FIM. A GRANDIOSIDADE DA ALMA NÃO TEM FIM, E PODEMOS USAR ISSO PARA TRANSFORMAR O MUNDO ATÉ O ÚLTIMO DIA DA NOSSA VIDA. Márcia De Luca, 63 anos, estudiosa de ioga e Ayurveda

“Fiquei muito mais tranquila com a maturidade”, diz Costanza Pascolato. “Há muito tempo venho me preparando para essa fase, sobretudo a partir do momento em que minha mãe ficou doente. Ela sempre foi uma mulher que trabalhou muito, empreendedora, era formada em literatura inglesa e religiões comparadas, o que não era comum na sua geração. Acompanhá-la na doença me fez refletir sobre o processo de envelhecimento. Eu também me formei em religiões comparadas, o que ajudou muito na preparação para essa passagem que todos faremos. Estudar religiões é estudar ideias. Não sou religiosa no sentido tradicional, mas tenho muita religiosidade. É claro que, quando chegar a hora, não vou achar a menor graça, mas estou me preparando. Precisamos ter esse desprendimento em relação à vida.”

"APESAR DE SER DETALHISTA AO EXTREMO, A MATURIDADE ME FEZ ENXERGAR O CENÁRIO MAIS AMPLO, O GRANDE HORIZONTE. NÃO ME APAVORO MAIS COM AS INCÓGNITAS DA VIDA. Costanza Pascolato, 75 anos, empresária e consultora de moda e tendências

Atravessamos seis, sete décadas vivendo transformações profundas. As mulheres dessa geração têm consciência de que podem somar, ir acrescentando coisas na vida, sem ressentir o passado. Elas não se colocam no papel de vítima, remoendo as dificuldades que viveram. As perdas são inevitáveis, mas as conquistas são alimento para a alma. E a da liberdade de escolha, uma das mais importantes.

> “É A PRIMEIRA GERAÇÃO DE MULHERES QUE NÃO SE COLOCA COMO VÍTIMA. Lidia Aratangy, 74 anos, terapeuta de casais e escritora

“A maior mudança emocional que os 70 anos me trouxe foi ter deixado de me envolver com coisas que não são minhas”, revela a atriz Irene Ravache. “Me vem um pensamento: ‘Daqui a pouco não estarei mais aqui e essas coisas vão continuar’. Isso me tirou um peso enorme. Vivi um período muito longo e difícil com o envolvimento do meu filho com drogas. Hoje, ele está em recuperação, que é assim para sempre, e trabalhando com o assunto. Logo depois, veio o Alzheimer da minha mãe. Foi muito tempo lidando com situações dolorosas, com medos, com perdas. E isso me deixou muito tolerante e flexível para o outro. Foi um valioso aprendizado. Posso dizer que fiz um curso intensivo de envelhecimento precoce, de amadurecimento. Hoje, sou capaz de dizer: ‘Isso pertence ao meu filho, não pertence a mim’. Se ele precisar, sabe que sempre poderá contar comigo e o Edson, mas não vou mais sair correndo para abrir caminho.”

"Uma coisa me vem na cabeça: será que é egoísmo?", se pergunta Irene. "Quando você se vira para você, a resposta é sim. O egoísta é aquele que está pensando nele. Mas, quando esse sentimento é resultado da consciência de que você fez o melhor, então sei que é o certo. Eu fiz o melhor que eu sabia e que eu podia. Por isso, não quero mais pegar nenhuma tarefa que não seja minha, porque as minhas já são grandes o suficiente."

> "A SIMBOLOGIA DA FITA MÉTRICA FOI UM DIVISOR DE ÁGUAS. QUANDO A GENTE MARCA OS 70, VÊ COMO É LONGO TUDO QUE FICOU PARA TRÁS E COMO É CURTO O QUE TEM PELA FRENTE. COMO NÃO PRETENDO CHEGAR AOS 100, VEJO APENAS 20 CENTÍMETROS. TENHO QUE ME CONCENTRAR NO QUE REALMENTE INTERESSA. Irene Ravache, 70 anos, atriz

"Não vou mais a lugares que não tenho vontade. Desligo o computador quando não estou interessada em saber mais sobre coisas que não vão mudar", continua Irene. "Hoje, faço como minhas avós, tenho um pote de balinhas em casa e durmo depois do almoço quando quero. Jamais fiz isso antes. Acho que são as minhas coisas de velhinha que agora posso ter, que eu mereço."

Bruna Lombardi não olha para a frente pensando se o tempo ficou curto. "Para mim, o tempo tem uma característica muito própria. Se você está numa fila, ele demora dias. Se está em um romance, um dia demora segundos. O tempo tem essa elasticidade, é a leitura que você faz dele. Então, não penso nos próximos anos, nunca fiz isso. E acho que me ajuda muito."

Dividindo-se entre Brasil e Austrália, T., 59 anos, arquiteta, nunca se sentiu tão livre e feliz. "O que eu busco é a simplicidade. Corri riscos, sempre comecei de novo. Ainda estou sempre recomeçando. Eu fui vivendo, sei que de um jeito diferente, mas sem ter noção de que estava criando um novo modelo de maturidade para a minha filha. Eu não decidi que a minha vida ia ser assim, as coisas foram acontecendo e esse foi o jeito que consegui para pular os obstáculos e resolver todas as questões. E eu me sinto muito bem. Eu quero ser cada vez mais livre."

> "JÁ DESMANCHEI TRÊS CASAS, BATI A PORTA E SAÍ. SOU EU E MINHA MALA. NADA MAIS LIBERTADOR. T., 59 anos, arquiteta e *designer*

No questionário da pesquisa, propus às entrevistadas uma lista com dez palavras-chave e pedi que escolhessem duas que melhor definissem o seu sentimento em relação à própria maturidade. Eram elas: liberdade, independência, segurança, sabedoria, poder, decadência, dependência, insegurança, restrição e solidão. Duas ganharam por esmagadora maioria dos votos: LIBERDADE e SABEDORIA. Liberdade como a maior conquista de uma vida inteira de luta contra os antigos limites impostos por uma sociedade tradicional e conservadora; e sabedoria porque reconhecem que a maturidade traz uma compreensão muito mais generosa, segura e verdadeira da sua capacidade e do muito que ainda podem realizar.

Pesquisas explicam por que mais sabedoria está associada à maturidade. Vivian Clayton, neuropsicóloga da Califórnia, especializada em geriatria, desenvolveu na década de 70 uma definição de sabedoria que passou a fundamentar os estudos sobre o tema. Ela mostrou que sabedoria consiste em cognição, reflexão e compaixão. Mas, se a cognição desacelera com a idade, por que as pessoas mais velhas seriam mais sábias? Vários estudos posteriores mostraram que as pessoas mais velhas têm muito mais informações em seus cérebros e que a qualidade dessa informação é mais cheia de nuances. Mesmo que a pessoa mais velha leve mais tempo no processo de cognição, suas conclusões acabam sendo mais sábias. A sabedoria, portanto, ajuda a encontrar um novo sentido para a vida. Monika Ardelt, pesquisadora da Universidade da Flórida, também desenvolveu estudos sobre a sabedoria na maturidade e concluiu que ela é caracterizada por uma redução no caráter autocentrado, o que permite entender as situações sob múltiplos pontos de vista e promover maior tolerância.

"QUE NADA NOS LIMITE. QUE NADA NOS DEFINA. QUE NADA NOS SUJEITE. QUE A LIBERDADE SEJA A NOSSA PRÓPRIA SUBSTÂNCIA.

Simone de Beauvoir (1908-1986), escritora e filósofa francesa

O cientista americano Jared Diamond, vencedor do Prêmio Pulitzer com o livro *Armas, germes e aço* (1997), acaba de lançar no Brasil mais uma obra, *O mundo até ontem* (2013), sobre os estudos que fez de sociedades primitivas que guardam as tradições dos ancestrais. Nele, mostra o que nós estamos perdendo ao não valorizar os idosos. Em entrevista a Roberta Jansen, do jornal *O Globo*, diz que nós falhamos com os mais velhos porque eles perderam a sua função de principais repositores do conhecimento. "Hoje, se você quer saber algo, procura na internet ou nos livros; você não pergunta a uma pessoa mais velha. As mudanças tecnológicas são tão rápidas que o que uma pessoa de 77 anos, como eu, aprendeu há 70 anos, como fazer longas contas de divisão e decorar a tabuada, não é mais necessário. Contudo, coisas que eu não aprendi 70 anos atrás, como usar computadores, são consideradas essenciais hoje. [...] Os idosos ainda têm muito mais experiência nas relações humanas que os jovens e tiveram muito mais tempo para lidar com suas questões emocionais do que os mais novos. O desafio, hoje, é valorizar os mais velhos naquilo que eles ainda são os melhores, e não deixá-los de lado porque não são eficientes e velozes ao manejar o computador e o celular" – um desafio de valorização que já se pode vislumbrar nesse veloz e trepidante processo de transição social que estamos vivendo.

"O mundo hoje oferece uma complexidade que nunca existiu antes", diz Ricardo Guimarães, que estuda em sua empresa os movimentos da sociedade. "Os *baby boomers* desenvolveram uma sabedoria capaz de compreender com mais clareza essa complexidade. A contribuição que trazem ao mundo é o prestígio dessa consciência. São eles que vão dar referências aos mais jovens. Os velhos de antigamente não tinham esse prestígio, não eram ouvidos."

> A GERAÇÃO DOS *BABY BOOMERS* VAI COLOCAR O VELHO NO SEU DEVIDO LUGAR.
>
> Ricardo Guimarães, 66 anos, empresário e consultor de branding na Thymus

As fascinantes mulheres que pesquisei neste trabalho já entenderam que são protagonistas dessa história. Ao revolucionarem o curso da própria vida, criam um novo sentido para a maturidade e novos valores para a sociedade. Basta olhar o que os nossos sete perfis têm em comum. Essa é a nova linguagem que estão criando para se tornarem visíveis e saírem do grande borrão da Terceira Idade, ainda envolto em preconceitos.

São curiosas, gregárias, solidárias. Sempre somam. São menos autocentradas e mais generosas. Têm uma capacidade muito maior de olhar para as necessidades do outro e trabalhar por inclusão. Querem contribuir, partilhar, distribuir.

São produtivas, têm múltiplos interesses e estão sempre aprendendo algo novo. Estudam, fazem planos e projetos. Querem empreender, criar, deixar um legado.

Estão plugadas na internet, têm uma vida social e cultural intensa e um grupo de amigos que são como família. Querem viajar, se conectar, experimentar, saborear a vida.

São vaidosas, bem cuidadas, seguras de si, em paz com as imperfeições. Muito rigorosas com a qualidade da alimentação e a rotina de exercícios. O maior investimento é na saúde física e mental. Querem expandir a consciência, a visão holística e a espiritualidade.

Juntam dinheiro, investem, mas bem pé no chão, com baixo grau de risco. Planejam com segurança uma velhice autônoma e confortável. São autoindulgentes e exigentes, priorizam qualidade em lugar de quantidade. Querem consumir menos e melhor.

Cultivam o otimismo, não olham para trás, não se lamentam, não têm medo do futuro nem da morte. São fortes, corajosas, intuitivas e coerentes. Estão abertas para o novo e levam a vida com paixão.

São as mulheres que estão transformando a tensão vital em uma nova verdade para a idade. Os novos 50, 60, 70 anos da Sociedade do Conhecimento do século 21 que inspirarão os jovens.

“ESSA GERAÇÃO É ASPIRACIONAL PARA A GERAÇÃO DO MILÊNIO. E ATÉ ONTEM ERA IMPENSÁVEL QUE UMA GERAÇÃO MAIS VELHA FOSSE ASPIRACIONAL PARA UMA MAIS NOVA. Ana Paula Cortat, 49 anos, *Chief Strategy Officer* da agência Pereira & O'Dell

Elas não olham para baixo para se ver. Ao contrário, é a mais jovem que agora está olhando para elas como um modelo. E essa é uma gigantesca mudança de paradigma.

"Todos os dias, um jovem diz para mim: 'Eu quero ser você quando crescer', sobretudo mulheres que estão ávidas por empreender", diz Luiza Helena Trajano. "E elas esperam um exemplo positivo. As pessoas estão cheias de só ver pessimismo, de só ter notícia ruim. Há uma enorme mudança de comportamento, e a mídia ainda não percebeu isso, está ficando para trás. E é a mulher que está fazendo essa mudança, sobretudo nós, que já estamos na maturidade e somos mais experientes. A mulher capta os sinais que ainda estão no inconsciente das pessoas. É intuitiva, tem essa facilidade de trazer sentimentos à tona."

"Nossa geração é a responsável pela mudança, pela reinvenção do último terço da vida, e não faremos isso só por nós mesmos", diz a atriz Jane Fonda, 77 anos, no seu livro *O melhor momento* (2011). "Acarretará uma mudança sísmica para o mundo que nos rodeia e acima de tudo para nossos filhos e jovens amigos. Querendo ou não, precisamos nos tornar os primeiros exemplos para as gerações mais jovens de como se preparar para o último terço da vida."

Eu também estou fazendo isso. Olhando para as apaixonadas desbravadoras. Há alguns anos, entrevistei a grande Bibi Ferreira, que virou os 90 em plena atividade, nos palcos. Encostadas na janela do seu apartamento na praia do Flamengo, apreciando a vista imponente do mais lindo cartão-postal do Rio de Janeiro, o Pão de Açúcar, perguntei o que eu fazia para ser Bibi aos 90. Ela disse: "Siga o meu lema, o do uísque...".

“MEU LEMA É
O DO UÍSQUE:
KEEP WALKING.

Bibi Ferreira, 92 anos, atriz, cantora e diretora

Quando pus o ponto final neste livro e entreguei os originais para a editora, resolvi descansar a cabeça, praticando o desapego. Nada melhor para fazer isso do que arrumar os armários e racionalizar o volume desnecessário de coisas que abarrotavam gavetas e prateleiras. Achei perdido, em uma caixa, um par de scarpins *vermelhos, trazidos há 20 anos de uma viagem a Paris. Recordações inusitadas vieram à tona. Lembro que, ao chegar, fui mostrar toda contente os meus sapatos para a Roberta, que não tinha mais do que 5 anos na época. Para minha surpresa, ela reagiu mal e disse:*

– São horríveis!

– Mas você tem umas botinhas vermelhas lindas, que gosta tanto – argumentei.

– Mas eu sou criança, e você é uma velha.

Fiquei pasma. Eu tinha 44 anos.

Inconscientemente, usei pouquíssimo os meus sapatos, até que apaguei a existência deles, esquecidos no fundo do armário. Até esse dia.

Agora, meu tesouro vintage *voltará à vida.* "Keep walking" *com eles terá um novo significado.*

NUNCA SE É VELHA O BASTANTE PARA USAR SAPATOS VERMELHOS.

PARA SABER MAIS

1. AS SUFRAGISTAS: UMA LONGA LINHAGEM DE REBELDIA

A libertação das mulheres teve sua raiz no Movimento das Sufragistas, que lutavam pelo direito de votar. Começou timidamente nos Estados Unidos, na virada do século 17 para o 18. Entre 1691 e 1780, as mulheres proprietárias de terra em Massachusetts podiam votar, mas era um fato totalmente isolado. Explodiu como movimento organizado no século 19, com a Convenção dos Direitos da Mulher, ocorrida em Seneca Falls, em 1848, em que foi aprovada uma moção, segundo a qual era dever de todas as mulheres americanas a luta pelo sufrágio. Foram sete décadas de batalha que envolveu três gerações, que enfrentaram violência e muitas vezes a prisão, chegando a mobilizar cerca de dois milhões de mulheres. Até que, em agosto de 1920, foi aprovada pelo Congresso Americano uma emenda à Constituição que concedia o direito de voto a todos, independentemente de raça ou sexo.

A luta já tinha se espalhado pelo mundo e encontrou na Inglaterra do século 19 um terreno fértil, durante o período da forte urbanização e industrialização que levou as mulheres às fábricas e reforçou nelas o desejo de lutar pelos seus direitos, seja por melhores condições de trabalho, seja pela cidadania plena. Em 1903, é fundado na cidade industrial de Manchester o Sindicato Social e Político da Mulher (Women's Social and Political Union). Mas não foi suficiente. As inglesas enfrentaram ainda mais dificuldades que as americanas, com a indiferença debochada dos legisladores e a repressão violenta às passeatas e aos atos públicos, que muitas vezes terminavam na prisão. Quando respondiam com greves de fome, eram alimentadas à força por tubos enfiados no nariz. Mas não foram dobradas. Finalmente, em 1928, viram seu direito virar realidade.

Entre a criação do Sindicato e o voto, as mulheres inglesas ainda viveram a devastadora Grande Guerra (1914-1918), que ceifou a vida de milhões de homens dessa geração e deixou nas mãos delas a economia e a reorganização do país. Como poderiam aceitar ser cidadãs de segunda classe?

No Brasil, o movimento sufragista não mobilizou as massas, mas teve algumas líderes históricas, como a professora Deolinda Daltro (1860-1935), que funda no Rio de Janeiro, em 1910, o Partido Republicano Feminino, e Bertha Lutz (1894-1976), que cria em 1919 a Liga pela Emancipação Intelectual da Mulher, que muda de nome para Federação Brasileira pelo Progresso Feminino. Em 1927, o Estado do Rio Grande do Norte institui o voto feminino, o que só acirra as reinvindicações. Um ano depois, a potiguar Celina Guimarães Viana (1890-1972) conseguiu na Justiça o direito de votar. Até que o presidente Getúlio Vargas, em 1932, estende o direito que já existia em dez estados às mulheres de todo país.

A luta pelo direito de votar acabou sendo considerada por alguns historiadores a primeira revolução feminina da história, embora as mulheres tenham se desmobilizado depois da vitória. Por isso, para muitos, só merece o nome de revolução as transformações que vieram na esteira da Segunda Guerra Mundial. Assim como as inglesas, novamente as mulheres americanas ocuparam na economia do país o lugar dos homens que iam para o *front*. E, quando a guerra acabou e eles retornaram, elas não estavam dispostas a recuar e simplesmente voltar a ser submissas donas de casa.

2. A INVENÇÃO DA PÍLULA ANTICONCEPCIONAL

Embora os métodos anticoncepcionais sejam conhecidos desde a Antiguidade, com o uso de ervas que supostamente evitavam a gravidez, tomadas como extrato ou prensadas em forma de tampões, ou com o uso de preservativos feitos com tripas de animais, nada foi mais eficiente que a pílula desenvolvida a partir dos anos 50. O primeiro passo foi a criação de um hormônio sintético semelhante à progesterona. Na década seguinte, várias substâncias são combinadas em um comprimido revolucionário pelo biólogo americano Gregory Pincus (1903-1967), considerado o "pai da pílula". Mas ele trabalhava escondido, porque os contraceptivos estavam proibidos oficialmente. Usava como fachada a necessidade de "aliviar os sintomas desagradáveis da menstruação". E foi promovendo essa função até que, em 18 de agosto de 1960, um dia histórico, foi lançado nos Estados Unidos o primeiro contraceptivo oral comercial, o Enovid-10. Dez meses depois, a Schering lança na Alemanha o Anovlar, usando o mesmo despiste. Na publicidade do produto, aparecia um médico orientando a mulher a pedir autorização ao marido para tomar o comprimido.

3. UM NOVO BRASIL MAIS VELHO

O Brasil está em mudança acelerada, de um país de jovens para um país maduro. No ano 2000, segundo o Instituto Brasileiro de Geografia e Estatística (IBGE), éramos 170 milhões de habitantes. Em 2010, já somos mais de 190 milhões. Desse total, as mulheres são maioria:

aproximadamente 97 milhões (51%), para 93 milhões de homens (49%). Somos a maioria dos eleitores e a maior parcela da população economicamente ativa, com mais de onze anos de escolaridade.

É na população madura que se vê a grande transformação que o país passa em seu perfil demográfico. Em 2000, havia cerca de 27 milhões de brasileiros acima de 50 anos, com quase 2 milhões de mulheres a mais do que os homens. Em 2010, a população acima de 50 anos aumentou para 39 milhões, com 3,2 milhões de mulheres a mais do que os homens.

Hoje, há 96 homens para cada 100 mulheres. Até os anos 30, eles eram maioria no Brasil. Nos anos 40, a curva se inverte e a parcela das mulheres começa a crescer mais do que a deles, tendência que se mantém até hoje.

Se a população madura no Brasil de hoje é estimada em 21% da população, as projeções dos analistas calculam que, em 2030, teremos mais pessoas com mais de 65 anos do que entre 0 e 14 anos. Em meados do século, a população acima de 50 anos no país deve estar em torno de 98 milhões, o que dá mais de 40%. O Brasil acompanha a tendência mundial: em 2050, estima-se que cerca de 22% dos habitantes do planeta terão mais de 60 anos.

O Censo de 2010 mostrou que, em um período de cinquenta anos, a expectativa de vida média do brasileiro passou de 48 para 73,4 anos. Ao mesmo tempo, as mulheres têm menos filhos. No mesmo período, o índice de natalidade diminuiu de 6,3 filhos por mulher para 1,9, taxa comparável à dos países europeus e que está abaixo da necessária para a reposição da população.

Os números do IBGE sobre 2013, divulgados no final de 2014, mostram mais um aumento: a expectativa média passa para 74,9 anos, sendo 78,6 para as mulheres e 71,3 para os homens. Ou seja, viveremos mais de

7 anos do que eles. A inversão da curva provocou o envelhecimento acelerado do país. E é um envelhecimento predominantemente feminino.

4. A ORIGEM DA APOSENTADORIA

Em 1945, o Brasil era um país rural, que não comia se não trabalhava. E não havia nenhum sistema de proteção social para esses trabalhadores, embora a Previdência no Brasil já tenha mais de cem anos. Começou em 1880, com o direito à aposentadoria para empregados dos Correios, e foi se espalhando com iniciativas pontuais que abrangiam pouco a pouco outras categorias, por meio de vários institutos. Em 1960, a Lei Orgânica da Previdência Social une tudo. Os trabalhadores rurais só ganharam o benefício a partir de 1963.

Esse sistema de proteção, que já se espalhava pelo mundo, teve origem na Alemanha do final do século 19, com a sucessão de leis criadas pelo chanceler Otto von Bismarck a partir de 1884, que previa seguro para os acidentes de trabalho, para doenças, por invalidez e por velhice. Naquela época, o clima era de otimismo e o país enxergava um futuro econômico promissor. A Alemanha era a economia mais rica e poderosa da Europa. Na virada do século 20, a qualidade de vida tinha melhorado enormemente. Mas Bismarck não fez isso por bondade. Seu objetivo era político: manter os trabalhadores dependentes do Estado. E o desembolso não era grande. Além de os trabalhadores e os empregadores contribuírem compulsoriamente, a expectativa de vida estava em torno de 30 anos. Portanto, as pessoas pagavam pelo benefício, mas morriam antes de recebê-lo.

5. O AVANÇO DA CUSTOSA DEMÊNCIA

A Organização Mundial da Saúde (OMS), calcula que os gastos com pessoas com algum tipo de demência, como o Alzheimer, consomem US$ 604 bilhões por ano, no mundo, hoje. E, com o fenômeno global do envelhecimento da população, tenderá a aumentar. Em 2010, o número de pessoas com demência no mundo foi calculado em 35,6 milhões. Estima-se que serão 65,7 milhões em 2030 e 115,4 milhões em 2050.

6. COMO O BRASIL E O MUNDO TRATAM SEUS IDOSOS

O Global AgeWatch Index, é um *ranking* feito pela organização britânica HelpAge, que mede entre 96 países quais são os melhores e os piores para os idosos morarem, segundo quatro parâmetros: segurança de renda, saúde, capacidade pessoal e ambiente social favorável. O Brasil ficou no sofrível 58º lugar. O melhor de todos é a Noruega, seguido da Suécia, que era líder até 2013. Em seguida, vem Suíça, Canadá e Alemanha. Holanda, Japão e Estados Unidos também estão entre os top 10. Na outra ponta da lista estão Moçambique, Tanzânia e Uganda, com Afeganistão em último. Na América Latina, que mostra avanços no *ranking* nos últimos anos, o Chile está na melhor posição (22º), seguido de Panamá (24º) e Costa Rica (26º). Nós, bem atrás deles! E não pode ser consolo nos compararmos a Honduras (75º) e Venezuela (76º).

7. O RANKING DA DESIGUALDADE

O número de famílias chefiadas por mulheres cresceu 2,3% de 2009 a 2011, revela a Pesquisa Nacional por Amostra de Domicílios (PNAD). No Brasil, 37,4% dos lares são dirigidos por elas, o que equivale a 24 milhões de famílias. Em 1996, esse número representava 20%. Os números só reforçam uma tendência histórica verificada com a maior participação das mulheres no mercado de trabalho. E nossas amazonas ainda ganham menos, o que só aumenta as dificuldades.

A desigualdade aparece maior ainda no último resultado do Global Gender Report 2014 (Relatório Global sobre Gênero 2014), divulgado pelo Fórum Econômico Mundial, que mostrou o Brasil na 71ª posição, em um total de 142 países analisados, no *ranking* que mede a equidade de gênero, cruzando dados que avaliam participação e oportunidades econômicas, representatividade política, desempenho educacional, saúde e expectativa de vida. Os países mais igualitários são Islândia, Finlândia, Noruega e Suécia, nessa ordem. Na América Latina, Argentina (31º), Peru (45º), Colômbia (53º), Bolívia (58º) e Chile (66º) aparecem na nossa frente. Se compararmos apenas pelo salário, despencamos para a 124º posição. Apesar de termos reeleito uma presidente, temos uma péssima representação no Congresso, cerca de dez vezes menor que a masculina. E, nas posições de comando nas empresas, somos apenas a metade da participação masculina.

O fato de nenhum país, nem mesmo os que encabeçam a lista, ter atingido uma situação de equidade plena em todos os quesitos não pode nos desviar da missão de melhorar os números brasileiros, que estão muito longe do razoável. Se o ritmo atual for mantido, levará ainda 81 anos para que a desigualdade de gênero desapareça do mundo.

Se considerarmos apenas o fator salário, há um dado novo que pode ser o início de uma virada, mesmo que muito lenta: pela primeira vez na história de um país, a remuneração média das mulheres é maior do que a dos homens. Isso aconteceu na Dinamarca, como verificou a pesquisa Diferenças Globais Entre Gêneros 2014, feita em 142 países e divulgada pelo Fórum Econômico Mundial. As dinamarquesas ganham em média 103% do salário dos homens. Só a Austrália chegou perto, mas ainda não é igual: elas ganham 96% do salário deles.

REFERÊNCIAS

Jornais

DALBONI, Melina. "Estou superando". Em *O Globo*, Ela, Rio de Janeiro, 27-12-14.

JANSEN, Roberta. "Sociedades tradicionais e modernas têm os mesmos problemas universais". Em *O Globo*, Rio de Janeiro, 28-12-14.

JÚNIOR, Gilberto. "A favorita de Helmut". Em *O Globo*, Ela, Rio de Janeiro, 20-12-14.

LIMA, Ludmila de. "O tempo particular de uma imortal". Em *O Globo*, Rio de Janeiro, 28-12-2014.

NOGUEIRA, Carol. "Ono 80". Em *Folha de S. Paulo*, Serafina, São Paulo, fevereiro de 2014.

Livros

BEAUVOIR, Simone de. *A velhice*. Trad. Maria Helena Franco Monteiro. Rio de Janeiro: Nova Fronteira, 1990.

__________. *O segundo sexo*. Trad. Sérgio Milliet. São Paulo: Difusão Europeia do Livro, 1970.

BOBBIO, Norberto. *O tempo da memória: De Senectute e outros escritos autobiográficos*. Trad. Daniela Versiani. Rio de Janeiro: Campus, 1997.

CÍCERO. *Saber envelhecer seguido de Lélio, ou a amizade*. Trad. Paulo Neves. Coleção L&PM Pocket. Porto Alegre: L&PM Editores, 2009.

DEL PRIORE, Mary. *Histórias e conversas de mulher*. São Paulo: Planeta, 2013.

FONDA, Jane. *O melhor momento: aproveitando ao máximo toda a sua vida*. Trad. Débora Landsberg. São Paulo: Paralela, 2011.

GEBARA, Otavio C. E. & SANTOS, Raul Dias dos. *Coração de mulher*. São Paulo: Abril, 2009.

GOLDENBERG, Miriam. *A bela velhice*. Rio de Janeiro: Record, 2013.

__________. *Coroas: corpo, envelhecimento, casamento e infidelidade*. Rio de Janeiro: Record, 2009.

LEMOS, Regina. *Quarenta: a idade da loba*. São Paulo: Globo, 1994.

LUFT, Lya. *Perdas & ganhos*. Rio de Janeiro: Record, 2014.

SCHOPENHAUER, Arthur. *A arte de envelhecer ou Senilia*. Trad. Karina Jannini. São Paulo: WMF Martins Fontes, 2012.

Revistas

FERRARI, Bruno; STEFANO, Fabiane & MANECHINI, Guilherme. "Um mundo mais velho. E mais forte". Em revista *Exame*, nº 1.053, São Paulo, novembro de 2013.

SEGATTO, Cristiane. "Com 80 anos e energia para os 100". Em revista *Época*, nº 843, São Paulo, julho de 2014.

Sites e blogs

ALVES, Branca Moreira & PITANGUY, Jacqueline. "O que é feminismo 4 – O movimento sufragista". Disponível em http://www.ongamigasdoparto.com/2014/12/o-que-e-feminismo-4-o-movimento.html. Último acesso em março de 2015.

ALVES, José Eustáquio Diniz & CAVENAGHI, Suzana. "Tendências demográficas dos domicílios e das famílias no Brasil". Disponível em http://www.ie.ufrj.br/aparte/pdfs/tendencias_demograficas_e_de_familia_24ago12.pdf. Último acesso em março de 2015.

DANELLI JUNIOR, César Augusto. "O modelo alemão de seguridade social: evolução histórica a partir de Bismarck". Disponível em http://www.idb-fdul.com/uploaded/files/2013_14_16485_16520.pdf. Último acesso em março de 2015.

www.asmeninasonline.com

www.fiftyisthenewfifty.com

www.longeva-idade.blogspot.com.br

Este livro foi composto com as fontes Minion e Yanone,
impresso em papel offset 90 g/m² no miolo e cartão supremo 250 g/m² na capa,
nas oficinas da Intergraf Indústria Gráfica Eirelli, em maio de 2015.